KB053523

죽음, 이토록 눈부시고 황홀한

삶이 끝나는 순간
우리는 어디로 가는가?

죽음,
이토록
눈부시고
황홀한

레이먼드 무디 지음 ― 배효진 옮김

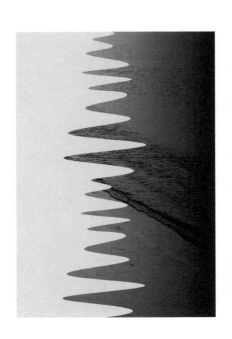

서스테인

고귀하고 품위 있는 삶을 위하여

이븐 알렉산더

_하버드 신경외과 의사,《나는 천국을 보았다》저자

의식이란 무엇이며, 물질이란 무엇인가? 정신과 물질은 어떻게 상호작용하는가? 이러한 정신과 육체에 관한 논의는 지난 2,500년이 넘는 세월 동안 과학, 철학, 종교를 넘나들며 끊이지 않고 이어져 왔다. 놀라운 것은, 인류가 100세대 이상 진화해오는 동안 논의에 거의 진전이 없었다는 점이다.

그러나 인류는 마침내 이 막다른 골목을 벗어나게 되었다. 우리는 지금 수천 년 동안 줄곧 미지의 영역으로 남겨져 있던 '존재'의 본질에 다가가는 극적인 변화의 문턱에 서 있다. 인류가 중대한 전환점을 맞이하는 순간이다. 바로 레이먼드 무디 박사가 쓴 이 책을 기점으로 말이다.

무디 박사는 죽음의 문턱에서 다시 돌아온 사람들이 고백한 '그곳'에서의 경험을 수년에 걸쳐 수집했다. 그리고 그 수많은 사례에서 믿을 수 없을 만큼 유사한 내용들을 발견하고 그는 큰 충격을 받았다. 환자들의 신념 체계, 의료 상황, 문화적 배경이 무척이나 다양함에도 그들이 기억하고 고백하는 내용에 공통적인 특징이 존재한 것이다. 이로써 무디 박사는 '사후 경험'이라는 주제가 과학적 연구의 대상이 될 수 있으며, 연구할 가치가 충분하다고 확신했고, 의사이자 심리학자로서 그의 예리한 철학적·과학적 통찰을 더해 이 획기적인 저작을 완성했다.

그는 이 연구를 통해 세계 최초로 '임사 체험(near-death experience, NDE)'이라는 용어를 개념화하여 대중화시켰고, 인류가 수천 년 동안 전 세계 곳곳에서 이를 경험해왔음을 보여주는 증거도 함께 제시한다.

무디 박사는 최고의 학자인 만큼 연구 과정 내내 임사 체험이 우리의 삶과 존재에 시사하는 바가 무엇인지, 특히 '인간의 영혼은 육체가 죽은 뒤에도 살아있는가?'라는 질문에 어떠한 함의를 지니는지 매우 조심스러우면서도 열린 태도를 견지했다. 사실 연구자인 자신도 이 사례들이 실제 사후 세계의 존재를 입증하는 증거가 될 수도 있다는 가능성을 받아들이기까지 꽤 오랜 시간이 걸렸음을 고백했다. 지금 이 책에서 '임사 체험'이라는 단어를 보고 의구심이 생긴 사람처럼, 그 역시도 처음에는 회의적이었기 때문이다. 그만큼 그는 의심할 수 있는 한 의심했고, 할 수 있는 한 객관적인 태도로 연구에 임했다. 그러한 태도였기에 이 훌륭한 역작을 남길 수 있게 되었는지 모른다.

이 책을 통해 그의 연구가 세상에 알려지고 나서야 의료 전문가들은 임사 체험을 조금이나마 이해할 수 있게 되었다. 그전까지 임사 체험에 대해 자기 경험을 이야기한 사람들은 매번 뇌 기능 저하로 인한 '환각', 약물이나 산소 부족으로 인한 '망상', 더 심하게는 질환으로 인한 '정신병'이라는 말을 들어야 했다. 여전히 임사 체험에 의문을 제기하는 사람이 많지만, 다수의 의사는 이제 더 큰 가능성에 마음을 열기 시작했다. 무디 박사의 선구적인 연구 덕분이다.

이 책에 담긴 획기적인 연구는 죽음을 앞둔 환자들이 이 세계에서 저 세계로 이행하는 과정을 의료 전문가와 호스피스 근무자 그리고 가족들이 바르게 이해하고 함께 할 수 있도록 그 방법을 알려주는 캘리포니아 샌타바버라의 '공유 이행 프로젝트(Shared Crossing Project)'로 이어졌다. 또 새로운 탄생을 축하하는 산부인과처럼 한 영혼이 다음 단계로 넘어가는 것을 축복하는 분위기의 호스피스 병동 등 무디 박사의 연구는 우리 문화에 수없이 많은 잠재적 변화를 불러왔다.

지난 수만 년 동안 인류는 죽음을 언제나 자연스러운 삶의 일부로 바라보았고, 포괄적 세계관 속에서 죽음에 대한 이해를 구축해왔다. 그러나 20세기에 들어 과학적 유물론이 부상하면서 현대 서양 문화권은 통합적 관점을 저버렸고, 그로 인해 쓴맛을 보고 있다. 과학적 유물론에서는 오직 물리적 물질만이 실재하며, 의식은 그저 뇌와 신체의 작용에 뒤따르는 것뿐이라 본다. 19세기에는 사람들이 대부분 가족에 둘러싸여 집에서 죽음을 맞았다. 하지만 20세기 초부터 갑자기 환자를 병원에서 보살피는 것이 기본이 되면서, 소수의 의료진이 지켜보는 가운데(가족과 친구들을 보호하기 위해 그들이 실제 죽음을 목격하는 일이 없도록 내보내는 경우가 많았다) 병원에서 사망하는 환자의 수가 급증했다. 죽음은 더 이상 자연스러운 것이 아니라, 보이지 않는 곳에 숨겨두고 입에 차마 담기 어려운 끔찍한 '적'과 같은 존재가 되었다.

20세기 후반이 되면서 이러한 의료 기술의 발전은 어마어마한 비용을 치르는 연명치료로 이어졌다. 이렇게 공격적인 연명치료로 가장 큰 피해를 보는 것은 다름 아닌 임종 과정을 겪는 환자들의 존엄성이었다.

이렇듯 죽음을 터부시하는 사회 분위기 속에서 《죽음, 이토록 눈부시고 황홀한》은 삶과 죽음, 그 사이의 불균형을 바로잡게 된 결정적인 계기가 되었다. 이 책을 통해 죽은 뒤에도 우리의 영혼은 살아 있으며, 사랑하는 이들과도 다시 연결될 수 있기에 물리적 죽음을 두려워할 이유가 없다는 것을 깨닫게 되었기 때문이다.

오래전부터 이어져 온 정신과 신체에 대한 논의를 바라보는 이 새로운 관점은 의식의 본질, 모든 존재의 본질에 관한 우리의 과학적 사고를 한층 진일보시켰다. 무디 박사의 연구로 말미암아 인류는 결코 이전과 같을 수 없을 것이다.

또한 누구보다 대담하게 죽음에 대한 우리의 인식을 전환시킨 무디 박사의 무한한 에너지와 방대한 지식 그리고 끊임없는 노력이 만들어낸 이 책을 깊이 이해하는 것만으로 우리는 더욱 고귀하고 품위 있는 삶을 살 수 있게 될 것이다.

더없이 찬란한 죽음 너머의 삶

최대한 객관적으로 서술하려 노력했지만, 이 책에는 나의 의학적 배경과 개인적인 의견이 반영될 수밖에 없다. 따라서 책을 읽기에 앞서 나에 대한 다음의 몇 가지 사실을 알아두는 것이 앞으로 나올 놀라운 이야기들을 판단하고 받아들이는 데에 도움이 될 것이다.

첫째, 나는 죽음에 가까이 다가간 적이 없으므로 내가 직접 겪은 경험담을 제시하는 것이 아니다. 그와 동시에, 이 프로젝트에는 경험자의 감정이 들어간 만큼 그 이야기를 직접 들은 나 역시 그 점에서 완전히 객관적이라고도 할 수 없다. 나는 이 책에서 다룬 흥미로운 경험담을 들려주는 수많은 이들을 직접 마주할 때 마치 내가 직접 그 일을 겪은 것처럼 느끼게 되었다. 이러한 마음가짐이 내 접근 방식의 합리성이나 균형을 해치지 않았길 바랄 뿐이다.

둘째, 나는 신비적·초자연적 현상에 관해 이루어진 방

대한 연구에 대해 모든 걸 숙지하지 못한 상태에서 이 책을 썼다. 이 말을 하는 이유는 오컬트 현상에 대한 연구를 폄하하는 게 아니라, 오히려 그 분야에 대해 더 넓은 지식이 있었다면 내가 조사한 사례들을 더 잘 이해할 수 있었으리라는 아쉬움에 전하는 말이다. 실제로 아직까지도 나는 나의 연구와 다른 사람의 연구가 어느 정도 부합하는지 보기 위해 신비적·초자연적 현상에 대한 자료들을 계속해서 면밀히 살펴보고 있다.

셋째, 나의 종교에 대해서도 언급할 필요가 있다. 우리 가족은 교회에 다녔지만, 부모님은 자신들의 종교적 믿음이나 관념을 자식들에게 강요하지 않았다. 내가 자라는 동안, 부모님은 대체로 내가 스스로 찾은 관심사를 존중하고 그것을 추구할 기회를 마련해주었다. 그래서 나는 정해진 교리를 따르는 '종교'가 아닌 영적·종교적 교리와 가르침, 물음들에 관심을 둔다는 의미로, 즉 하나의 철학으로서의 종교를 갖고 자랐다. 나는 인류의 모든 위대한 종교가 우리에게 다양한 진리를 전하고 있다고 믿으며, 종교에서 다루는 그 심오하고 근본적인 진리에 대한 해답을 전부 아는 이는 아무도 없다고 생각한다.

넷째, 나의 학문적 배경과 경력은 매우 다채롭다. 우선 버지니아 대학교에서 철학 석사 과정을 수료했고, 1969년에 박사 학위를 받았다. 철학에서도 내가 특히 관심을 가진 분야는 윤리학, 논리학, 언어 철학이다. 이후 노스캐롤라이나 동부의 한 대학에서 3년간 철학을 가르친 후 나는 조지아 의과대학에 진학해 1976년 의학박사 학위를 받았다. 이러한 관심사와 경험들은 당연하게도 이 연구에 대한 접근 방식 형성에 영향을 주었다.

이 책을 통해 나는 매우 널리 퍼져 있으면서도 잘 숨겨져 있는 '임사 체험'이라는 현상에 사람들이 관심을 갖고, 좀 더 수용적인 태도를 갖게 되기를 바란다. 이는 이 현상이 특히 심리학·의학·철학·신학 같은 여러 학문은 물론 우리가 일상생활을 영위하는 방식에서도 아주 중요한 의미를 지닌다고 굳게 믿기 때문이다.

무엇보다도 강조하고 싶은 점은, 나는 죽음 이후에도 삶이 존재한다는 것을 '증명'하려는 것이 아니다. 이러한 증명이 가능하다고 생각하지도 않는다. 또한 이 책에서 주장하는 내용이 믿기 어려워 무시하려는 사람도 많을 것이다. 그렇다고 해서 그들을 비난할 마음은 전혀 없다. 연구를 시작하기 전만 해도 나 역시 정확히 같은 반응을 보였기 때문이다. 내가 이 분야에서 권위가 있으니 이 책의 내용을 그대로 받아들이고 믿으라고 할 생각도 없다. 오히려 나는 연구자로서, 아무도 그러지 말라고 명확하게 요청하는 바이다.

다만 이 책의 내용을 믿지 못하는 사람들에게 바라는 것이 있다면, 자신의 의심에 대한 근거들을 좀 더 찾아보라는 것이다. 나는 한동안 수많은 강연에서 이같이 요청했고, 대부분 처음에는 회의적이었지만, 나중에는 내가 임사 체험에 대해 처음 느꼈던 놀라움과 당혹감을 똑같이 경험한 사람이 매우 많다.

한편 이 책을 읽고 임사 체험이라는 경험을 자신뿐만 아니라 전 세계 곳곳에서 수많은 사람이 경험하고 있음을 알고 크게 안도하는 사람들도 무척 많으리라는 데에는 의심의 여지가 없다.

임사 체험 경험자 대부분이 그랬듯, 신뢰할 수 있는 한두 명을 제외하고는 여전히 자신이 겪은 일을 그 누구에게도 말하지 않고 줄곧 숨기고 있는 사람이 많을 것이다. 나는 그들에게 이렇게 말해주고 싶다. 이 책으로 당신은 조금이나마 더 자유롭게 이야기할 수 있게 될 것이고, 그렇게 함으로써 인간 영혼의 가장 흥미로운 부분이 더 분명히 밝혀질 수 있게 될 것이라고.

마지막으로 사랑하는 사람을 떠나보내고 깊은 슬픔에 잠겨 있는 사람들, 곧 혹은 언젠가 다가올 죽음에 큰 두려움을 느끼고 있을 사람들에게는 이렇게 말해주고 싶다. 슬퍼할 것도, 두려워할 것도 없다고. 죽음 너머에는 이 세

상 그 어떤 경험과도 비교할 수 없는 더없이 찬란하고 눈
부신 삶이 있다고.

레이먼드 무디

차례

죽음이라는 현상　　1

죽는 순간 처음 겪게 되는 것들　　2

죽음에서
배우다

5

죽음이라는
현상

1

죽음은
소멸이 아니다

죽음이란 과연 무엇일까? 이는 인류가 존재하기 시작했을 때부터 끊임없이 던져온 질문이다. 나는 지난 몇 년간 꽤 많은 사람에게 이 질문을 던져보았다. 심리학·철학·사회학 강의를 듣는 학생들부터, 교회에 모인 사람들, TV 시청자들, 시민 단체나 전문 의료인들에 이르기까지 다양한 이들과 이야기를 나누어 본 결과, 죽음이라는 주제는 개인의 성향이나 살아온 배경과 관계없이 누구에게나 가장 강렬한 감정을 불러일으키는 것이라고 단언할 수 있다.

그러나 이토록 큰 호기심에도 불구하고 우리는 죽음을 논하는 데 여전히 어려움을 느낀다. 여기에는 두 가지 이유가 있다. 첫 번째는 심리적·문화적 요인으로, 죽음이라는 주제가 금기시되기 때문이다. 어떠한 방식으로든 간접적으로라도 죽음과 맞닿으면 우리는 자신의 죽음을 마주하게 되고, 그 죽음에 더 가까이 다가가며, 더 현실적이고, 언젠가 자신에게 일어날 수 있는 일로 여기게 된다. 예를 들어 나를 포함한 의대생 대부분은 해부학 실험실에서 처음 죽음과 마주한 순간 울컥하면서도 불편한 감정이 드는 것을 느낀다. 이제는 내가 왜 그런 반응을 보였는지 그 이유를 분명히 알 수 있다. 돌이켜 생각해보니 그곳에 있던 누군가의 흔적을 보고 안타까움을 느끼기도 했지만, 결코 그것만이 전부는 아니었다. 그 실험대 위에서 내가 본 것은 나에게도 필연적으로 닥칠 죽음이라는 상징이었다. 그 순간 막연하게나마 '나도 언젠가 죽음을 맞이하게 되겠지'라는 생각을 했던 것이다.

이처럼 죽음을 논하는 것은 심리적인 면에서 간접적으로 죽음에 가까이 다가가는 것이다. 죽음을 이야기하는 것만으로 우리는 머릿속에 죽음을 떠올리게 되고, 죽음을 가깝게 느끼게 되면서 자신도 언젠가 필연적으로 죽음을 맞이해 결국 소멸하게 되리라는 것을 느낄 수밖에 없다. 그래서 우리는 이러한 심리적 트라우마를 피하기 위해 가능한 그 주제를 피하려 애쓴다.

죽음에 관한 이야기가 어려운 두 번째 이유는 언어 자체의 본질에서 비롯된 한층 복잡한 문제다. 우리가 사용하는 언어는 대부분 신체 감각을 통해 경험한 것들이다. 그러나 죽음은 우리의 의식적 경험 너머에 존재한다. 대부분은 죽음을 겪어본 적이 없기 때문이다.

그러므로 죽음에 관해 무언가 논하려면, 사회적 금기를 깨지 않는 동시에 우리가 경험하지 못한 것에 대한 근본적인 언어적 딜레마를 극복해야 한다. 그러다 보면 우리는 결국 완곡한 비유를 통해 두루뭉술하게 이야기하는 데에서 그치는 경우가 많다. 죽음이나 죽어가는 과정을 우리에게 익숙한 경험 중 보다 기분 좋은 것에 비유하는 것이다.

이러한 비유 가운데 가장 흔한 것은 죽음을 '잠'에 빗댄 표현일 것이다. 우리는 흔히 죽는 것이 잠드는 것과 비슷하다고 말하곤 한다. 이런 비유는 일상적인 생각이나 언어 표현에서 아주 흔하게 보일 뿐 아니라, 다양한 문화권과 여러 시대에 걸쳐 많은 문학 작품에도 등장한다. 심지어 고대 그리스 시대에도 빈번히 등장했다. 예컨대 호메로스는 《일리아스》에서 '잠'을 '죽음의 형제'라고 불렀으며, 플라톤은 대화록인 《소크라테스의 변론》에서 스승인 소크라테스가 아테네의 배심원단에게 사형을 선고받았을 때 다음과 같이 말했다고 기록했다.

죽음이 그저 꿈을 꾸지 않는 잠이라면, 죽음은 분명 놀랄 만한 이득이지 않은가. 누군가에게 꿈도 꾸지 않고 깊은 잠을 잤던 어느 밤을 떠올린 뒤, 인생에서 이보다 더 좋았던 날, 행복했던 낮과 밤이 과연 얼마나 있었는지 심사숙고한 뒤 말해보라고 한다면⋯ 분명 손에 꼽힐 정도로 적을 것이다. 죽음이 이와 같다면, 나는 죽음을 이득이라 부르리라. 이러한 관점에서 죽음을 바라본다면 죽음은 그저 단 하룻밤에 지나지 아니한가.

오늘날 우리가 사용하는 언어에도 이와 같은 비유가 자리 잡고 있다. '잠들다'라는 표현을 생각해보자. 수의사가 당신의 나이 많은 반려견에게 "이제 편히 잠들 겁니다"라고 할 때의 표현은 우리가 병원에서 마취할 때 의사에게 듣는 말과는 완전히 다른 의미를 담고 있다.

어떤 이들은 죽음에 대해 또 다른 표현을 쓰기도 한다. 그들은 죽는 것이 '잊는 것'과 같다고 말한다. 죽으면 그동안 겪어온 비통함을 잊고, 그를 고통스럽고 힘들게 했던 모든 괴로운 기억도 다 사라진다고 여기기 때문이다.

그러나 죽음을 '잠'이나 '망각'에 빗댄 표현이 아무리 오랫동안 널리 쓰였다고 해도, 우리를 위로하지 못한다는 점에서 궁극적으로 두 표현 모두 충분하지 않다. 둘 다 방식만 다를 뿐 같은 주장을 하고 있다. 듣기 좋게 포장했지만, 이 표현들은 사실상 죽음이 그저 의식적 경험의 영원한 소멸에 불과하다고 말하는 것이나 다름없다. 만약 그렇다면, 죽음에는 잠이나 망각의 좋은 점이 단 하나도 없다. 잠이 삶에서 긍정적이고 가치 있는 경험으로 여겨지는 것은 잠에서 깨어날 수 있기 때문이다. 편안하게 푹 자고 나면 그 이후 깨어 있는 시간을 더욱 즐겁고 생산적으로 보낼 수 있다. 하지만 잠에서 깨어날 수 없다면 잠이 가져다주는 이점도 누릴 수 없다. 마찬가지로, 의식적 경험의 영원한 소멸은 고통스러운 기억만이 아니라 행복한 기억까지 전부 사라진다는 뜻이다. 결국 어떤 비유도 우리가 죽음을 마주하는 데 진정한 위안이나 희망을 전혀 가져다주지 못한다.

한편 죽음이 곧 의식의 소멸이라는 개념을 부정하는 또 다른 관점이 있다. 어쩌면 더 오래전부터 전해져왔을 이 관점에 따르면, 육체가 기능을 멈추고 끝내 소멸한 후에도 인간의 어떤 부분은 사라지지 않고 남는다. 이렇게 소멸하지 않는 부분은 정신, 영혼, 혼령, 넋, 자아, 존재, 의식 등 여러 이름으로 불려 왔다. 어떤 이름으로 불리든, 물리적 죽음 이후 인간이 다른 존재의 영역으로 넘어간다는 개념은 인간의 오래된 믿음 중 하나다. 튀르키예에는 약 10만 년 전에 네안데르탈인들이 만든 무덤이 있다. 고고학자들은 그곳에서 발견된 화석화 흔적을 통해 그들이 죽은 사람들을 묻을 때 꽃으로 만든 관에 안장했다는 사실을 발견했다. 그들은 죽음을 이 세상에서 다음 세상으로 넘어가는, 축하해야 할 일로 여겼던 듯하다. 실제로 세계 곳곳의 고대 무덤에서 육체적 죽음 이후에도 인간의 어떤 부분은 사라지지 않을 것이라 믿었다는 증거가 발견되었다.

정리하자면, 우리는 죽음의 본질에 관한 질문에 대해 아주 먼 옛날부터 이어져 오늘날까지도 널리 퍼져 있는 서로 다른 두 가지 답변을 마주했다. 어떤 이들은 죽음이 의식의 소멸이라고 말하는 반면, 다른 이들은 영혼이나 정신이 현실의 또 다른 차원으로 넘어가는 일이라고 단언한다. 나는 그 어느 쪽도 무시하고 싶지 않다. 다만 다음에 이어질 내용에서 나는 10여 년간 진행해온 연구를 통해 알게 된 것들을 들려주고자 한다.

두 번 '죽었던'
의사의 고백

지난 몇 년 동안 나는 다양한 경로를 통해 '임사 체험'을 경험한 많은 사람을 만났다. 처음에는 그저 우연이었다. 1965년, 버지니아 대학교에서 철학을 전공하던 당시 의과대학에서 정신과 임상교수를 맡고 있던 한 남성을 만났다. 처음에는 그의 따뜻함과 친절함, 유머 감각이 인상 깊었는데 이후 그에 관해 매우 흥미로운 사실을 듣고 충격을 받았다. 그가 10분 정도의 간격으로, 한 번도 아니라 무려 두 번이나 죽음을 경험했고, '죽어 있는' 동안 어떤 일이 벌어졌는지에 대해 엄청난 이야기를 들려주었다는 것이다. 이후 그가 다시 한번 몇몇 학생들에게 그때의 경험을 풀어놓는 것을 함께 들을 수 있었다. 당시 나는 무척 큰 감명을 받았지만, 그가 겪은 일을 이해하기에는 배경지식이 충분치 않았기에 그의 이야기를 마음 한구석에 그리고 녹음테이프에 담아두었다.

몇 년이 지나, 나는 철학 박사 학위를 받고 노스캐롤라이나 동부의 한 대학교에서 교수로 일하고 있었다. 그때

한 수업에서 학생들에게 불멸에 대한 논의가 담긴 플라톤의 《파이돈》을 읽도록 했다. 수업에서는 주로 플라톤이 제시한 다른 이론을 다루느라 죽음 이후의 삶에 대한 논의에는 초점을 맞추지 않았다. 그런데 어느 날 수업이 끝나고 한 학생이 찾아왔다. 그는 불멸에 관해 대화를 나눌 수 있을지 물었다. 할머니가 수술 중 '돌아가셨지만' 다시 깨어나 그 순간에 겪은 굉장한 경험을 들려주신 후 이 주제에 관심이 생겼다는 것이다. 나는 더 자세히 말해달라고 부탁했고, 놀랍게도 그의 이야기는 수년 전 정신과 교수가 묘사했던 일련의 사건들과 거의 유사했다.

이때부터 나는 좀 더 적극적으로 사례를 모으게 되었고, 철학 강의에서도 죽음 이후의 삶을 주제로 하는 자료들을 다루기 시작했다. 하지만 그러면서도 죽음을 경험한 두 사람의 사례를 강의에서 언급하지는 않았다. 어떤 이야기들이 펼쳐질지 지켜보고 싶었다. 만약 죽음 이후를 경험한 사례가 꽤 흔하다면, 주제를 던져놓고 기다리기만 해도 더 많은 이야기를 들을 수 있을 것으로 생각했기 때문이다. 놀라운 사실은 거의 매 수업마다 30여 명 중 적어도 한 명은 따로 찾아와 자신이 겪은 임사 체험을 말해주었다는 점이다.

내가 이 주제에 흥미를 느끼기 시작했을 때부터 임사 체험을 한 사람들의 종교적·사회적·교육적 배경이 무척이나 다양한데도 그들의 이야기가 상당히 유사하다는 점이 놀라웠다. 1972년, 내가 의과대학에 진학했을 무렵에는 이러한 경험담을 꽤 많이 모은 상태였고, 대학에서 만난 사람들에게 이 비공식 연구에 관한 이야기를 꺼내기 시작했다. 결국 한 친구가 의학 학회에 발표하는 게 어떻겠느냐고 나를 설득했고, 곧 일반 대중을 대상으로도 강연하게 되었다. 이전과 마찬가지로 강연이 끝나면 항상 누군가 자신의 경험을 나누러 찾아오곤 했다.

내가 임사 체험에 관심을 두고 있다는 사실이 널리 알려지자, 의사들은 소생된 환자 중에서 이례적인 경험을 했다고 말하는 사람들을 나에게 보내기 시작했다. 이후 연구내용이 신문에 소개되면서 자신의 이야기를 기록해 보내주는 사람들도 있었다. 이후 150건가량의 사례가 모였고, 내가 연구한 사례들은 다음과 같은 세 가지의 명확한 범주로 나눌 수 있다.

1. 의사가 임상적으로 사망했다고 생각했거나, 판단했거나, 선고한 뒤 다시 살아난 이들의 경험.
2. 사고 혹은 심각한 부상이나 질병을 겪으면서 거의 죽을 뻔했던 이들의 경험.
3. 죽어가면서 곁에 있던 사람들에게 자신이 겪고 있

는 것을 전했던 이들의 경험(그 내용을 들은 사람들이 후에 나에게 그들이 경험한 죽음을 들려주었다).

150건의 사례에서 수많은 자료를 얻을 수 있었지만, 연구는 선택적으로 이루어졌다. 예를 들어 세 번째 유형의 사례들이 첫 번째와 두 번째 유형에서 보고된 경험들과 대체로 유사하거나 일치했음에도 나는 두 가지 이유로 그 사례들을 연구에서 배제했다. 우선 조사해야 하는 사례의 수를 내가 감당할 수 있는 정도까지 줄여야 했고, 또 되도록 임사 체험을 직접 경험한 이들을 대상으로 연구를 진행하고 싶었기 때문이다. 따라서 나는 약 50명과 심층 인터뷰를 진행했고, 그들의 경험을 상세히 전할 수 있게 되었다. 그중 임상적 죽음이 명확하게 발생한 첫 번째 유형의 사례들이 죽음의 위기가 스쳐 지나가기만 한 두 번째 유형보다 확실히 더 극적이었다. 실제로 이 현상을 주제로 강연할 때마다 청중들은 늘 '사망'을 경험한 사례에 가장 많은 관심을 보였다. 그렇다 보니 언론에서는 내가 연구한 사례가 모두 첫 번째 유형에만 해당되는 것처럼 기사가 나오기도 했다.

그러나 이 책에서 소개할 사례를 선정하면서 나는 '사망'이 발생한 경우에만 초점을 맞추지 않도록 주의했다. 곧 알게 되겠지만, 이는 두 번째 유형의 사례들이 첫 번째 유형의 사례들과 다르지 않을 뿐 아니라 오히려 연속선상에 있기 때문이다. 또 임사 체험 자체는 놀라울 정도로 내용이 서로 비슷한데 그 경험을 한 사람들이나 주변 상황은 매우 다양하다. 그래서 나는 이 다양성을 충분히 반영하는 예시를 제시하려 노력했다. 이러한 사항을 염두에 두고, 내가 알게 된 범위에 한해 죽음을 경험하는 동안 어떤 일이 벌어지는지 살펴보도록 하자.

죽는 순간

처음 겪게 되는
것들

2

한 남자가
죽어가고 있다

죽음의 문턱을 둘러싼 상황이나 그러한 상황에 놓여 있는 사람들은 굉장히 다양하지만, 그들의 임사 체험 경험에는 뚜렷한 공통점들이 존재한다. 내가 수집한 수많은 사례에서 몇 번이고 반복해 등장하는 요소들은 사실 그 유사성이 너무나 명확해 15개 정도로 쉽게 추릴 수 있었다. 이렇게 찾은 공통점들을 바탕으로 그 요소들이 흔히 발생하는 순서대로, 이론적으로 '이상적'이거나 '완전한' 경험이라 할 수 있을 짧은 임사 체험 이야기를 들려주려 한다.

한 남자가 죽어가고 있다. 신체적 고통이 정점에 달했을 무렵, 의사가 자신의 사망을 선고하는 소리가 들렸다. 이명처럼 시끄럽게 윙윙거리는 듯한 불쾌한 소리가 들리기 시작하는 동시에 길고 어두운 터널로 빠르게 빨려 들어가는 느낌이 들었다. 그러다 갑자기 물리적 공간은 그대로인데 마치 구경꾼이 된 것처럼 신체 바깥으로 빠져나와 한 발짝 떨어져 자기 몸을 바라보고 있었다. 그는 제삼자의 시점에서 자신에게 심폐소생을 하는 모습을 지켜보며 감정적 혼란을 느꼈다.

잠시 후, 그는 마음을 가라앉히고 이 이상한 상태에 적응했다. 여전히 '몸'이 있다는 사실에 주목하지만, 그가 떠나온 물리적 신체와는 그 성질도, 능력도 매우 다르다. 곧이어 또 다른 일들이 벌어지기 시작했다. 죽은 가족, 친구들의 영혼이 언뜻 보이고 빛의 형상을 한, 지금껏 한 번도 느껴보지 못한 따뜻하고 애정 어린 영혼 같은 것이 그의 앞에 나타났다. 이 형상은 그의 인생에 있었던 주요 사건들을 파노라마처럼 빠르게 보여주고, 비언어적 방식으로 그에게 물음을 던져 삶을 돌이켜보게 했다.

어느 순간 그는 현세와 내세 사이의 구분을 나타내는 것으로 보이는 어떤 장벽 혹은 경계에 가까워졌다는 것을 알게 되었다. 그러나 자신이 이승으로 돌아가야 하며, 아직 죽을 때가 되지 않았다는 것을 깨달았다. 하지만 이미 그는 사후 세계에서 겪은 일들에 완전히 마음을 빼앗겨 다시 이승으로 돌아가고 싶지 않았다. 강렬한 기쁨과 사랑, 평화로움의 감정이 가슴속에 넘쳐흘렀다. 돌아가지 않으려 버텨보려고 했는데도 어찌 된 일인지 물리적 신체와 재결합되어 살아났다.

이후 그는 다른 사람들에게 자신이 겪은 일을 얘기하려 하지만 쉽지 않았다. 일단 인간이 사용하는 언어에는 이 불가사의한 경험을 제대로 묘사할 수 있는 단어를 찾을 수 없었다. 그리고 어렵게 이야기를 꺼내도 비웃음만 살 것을 알기에 결국 그만두고 말았다. 그러나 그가 겪은 사후 세계의 경험은 삶과 죽음의 관계 그리고 죽음 그 자체를 바라보는 시각을 완전히 바꾸어 그의 삶에 깊은 영향을 미쳤다.

위 이야기는 어느 한 사람의 경험을 나타낸 것이 아니다. 정확히 말하면, 아주 많은 사례에서 공통으로 등장하는 요소들을 한데 모은 하나의 '모델'이다. 내가 여기서 이것을 소개한 이유는 더 자세한 사례를 살펴보기 전에, 죽음을 맞이한 사람이 어떤 일을 겪을 수 있는지 대강의 개념을 제시하기 위해서다. 따라서 실제 이야기보다 일반화된 서술로, 이 장에서는 각 공통 요소를 다양한 예시와 함께 자세히 설명할 것이다.

그에 앞서 죽음의 경험에 대해 내가 탐구한 내용들을 올바르게 이해하기 위해서는 다음과 같은 몇 가지 사실을 분명히 해두어야 한다.

1. 여러 이야기가 놀라울 정도의 유사성을 보였으나 정확히 일치하는 것은 없었다.

2. 모델 사례에 등장하는 모든 요소를 빠짐없이 경험 했다는 사람은 단 한 명도 발견하지 못했다. 하지만 15개 요소 가운데 매우 많은 사람이 8개 이상을 겪 었다고 보고했고, 12개까지 보고한 사람도 있었다.

3. 모델 사례 속 요소 중 하나의 이야기에만 나타난 것은 없었다. 각 요소는 다양한 이야기에 걸쳐 여 러 번 등장했다.

4. 위에서 설명한 단계들을 죽음에 이른 사람이 어떠 한 차례로 거치는지는 '이론적 모델'과 다를 수 있 다. 예를 들어, 모델 사례에서처럼 물리적 신체를 떠난 후에 '빛의 존재'를 보는 사람이 있는가 하면, 그 전이나 그 순간에 보았다고 보고한 사람들도 많다. 그러나 각 단계가 나타나는 순서는 모델 사 례가 가장 전형적이며, 여기에서 크게 달라지는 경 우는 드물다.

5. 죽음을 맞이한 사람이 사후 세계의 완전한 경험을 어느 단계까지 겪는지는 그가 임상적 죽음에 명확 하게 이르렀는지, 만약 그렇다면 그 상태에 얼마나 놓여 있었는지에 따라 달라진다. 일반적으로 '죽었 던' 사람들이 '죽을 뻔했던' 사람들보다 더 자세하

고 완전한 경험담을 들려주었으며, 오래 '죽어 있었던' 사람들이 짧은 시간 동안 '죽어 있었던' 사람들보다 더 깊은 경험을 한 것으로 나타난다.

6. 사망 선고를 받은 뒤 소생되어 돌아왔으나 이 공통 요소를 하나도 경험하지 못했다는 사람들도 더러 있었다. 사실 이들은 자신들의 죽음에 대해 아무것도 기억나지 않는다고 말했다. 그런데 흥미로운 사실은 여러 해 간격을 두고 두 번의 사망 선고를 겪었던 사람 중 한 번은 아무런 경험도 하지 못했지만, 다른 한 번은 꽤 구체적인 경험을 했다고 말한 이들도 있었다는 것이다.

7. 이 책은 다른 사람들과의 인터뷰 내용을 기반으로 쓰였다는 점을 알아야 한다. 따라서 어떤 사람의 이야기에서 특정 요소가 발견되지 않는다고 해도, 꼭 그것이 그에게 일어나지 않았다는 의미는 아니다. 그저 그가 나에게 그것이 발생했다고 말하지 않았거나, 그것을 겪었는지가 그의 이야기에서 명확히 드러나지 않는다는 뜻이다.

이제 이러한 틀에 따라 죽음의 경험에서 일반적으로 나타나는 단계와 사건들에는 무엇이 있는지 살펴보자.

형언할 수 없는
죽음

일반적으로 우리가 언어를 통해 서로 이해할 수 있는 것
은 공통된 경험을 함께 나눌 수 있는 공동체에 속해 있기
때문이다. 죽음을 경험한 사람들이 어려움을 느끼는 이유
가 여기에서 발생한다. 죽음에 가까이 다가갔던 사람들
이 겪은 일들은 우리가 받아들일 수 있는 공동체적 경험
의 바깥에 있기 때문에 그들에게 일어난 일을 묘사하는
데 언어적 어려움이 있을 수밖에 없다. 사실이 그렇다. 그
들은 한결같이 자신의 경험을 "형언할 수 없다", 즉 "말로
표현할 수 없다"라고 한다.

　많은 이들이 "내가 말하려는 것을 표현할 수 있는 단어
가 없다"라거나 "어떤 형용사나 최상급 표현을 써도 설명
이 되지 않는다"라고 이야기했다. 한 여성은 다음과 같이
아주 분명하게 말한다.

　　당신에게 이야기를 전하려고 해도 문제가 있는 게,
　　제가 아는 단어가 죄다 3차원적이기 때문이에요. 저
　　는 그 경험을 하면서 계속 이런 생각이 들었어요.

'음… 기하학 수업에서는 늘 3차원이 끝이라고 해서 그렇게 믿었는데, 아니잖아. 더 높은 차원도 있었어.' 물론 우리가 지금 살아가는 세계는 3차원이지만, 그 이후의 세계는 절대 그렇지 않아요. 이걸 3차원적 단어들로 설명하기는 정말 어려워요. 그게 최선이겠지만, 완벽하게 전달하는 것은 불가능해요.

이러한 언어적 표현의 한계로 임사 체험 경험자들은 자신이 겪은 일을 설명하는 데 어려움을 겪는다. 더욱이 자신이 보고, 듣고, 겪은 이 놀라운 일을 어렵게나마 이야기했을 때 대부분 진지하게 받아들이지 않을 거라는 생각에 이야기하기를 포기하는 경우가 많다. 실제 내가 연구를 시작하고, 임사 체험을 경험한 다양한 사람들을 만났을 때 한결같이 "처음 털어놓는 이야기"라거나 "가족 외에는 처음 하는 이야기"라며 이해해줄 수 있을 것 같은 한두 명을 제외하고는 경험을 공유하기 어려웠음을 고백했다.

사망 선고를
듣다

임사 체험 경험자 대부분은 의사나 주변에 있던 다른 이들이 자신에게 사망 선고를 하는 것을 들었다고 말했다. 한 여성은 나에게 다음의 이야기를 들려주었다.

저는 입원 중이었지만, 병원에서는 무엇이 문제인지 알아내지 못했어요. 그래서 담당 의사인 제임스가 간 검사를 통해 원인을 찾기 위해 저를 아래층 영상의학과에 보냈어요. 제가 약물 알레르기가 많아서 일단 팔에 사용할 약물을 테스트했고, 아무 반응도 일어나지 않아 그대로 검사를 진행했어요. 그런데 이번에는 심장이 멎더군요. 제게 약물을 주입하던 방사선 전문의가 전화기로 달려가는 소리가 들렸고, 전화를 거는 것도 똑똑히 들렸어요. 그는 제가 숨이 멎었다며 다급히 제임스를 호출했죠. 저는 제가 죽지 않았다는 것을 알고 있었어요. 그래서 몸을 움직여 제가 아직 살아 있다고 알리려 했지만, 뜻대로 되지 않았어요. 의사들이 저를 소생시키려 하면서 무언가를 투여하라고 말하는 소리가 들렸지만, 주삿바늘이 들어오는 느낌은 없었어요. 그들의 손이 닿는 것조차 전혀 느껴지지 않았고요.

또 다른 사례에서 이전에도 심장병이 몇 차례 발병한 적이 있는 한 여성이 심장마비로 인해 목숨을 잃을 뻔한 적이 있었다. 그녀는 그때를 떠올리며 이렇게 말한다.

마치 쇠로 된 띠가 순식간에 가슴 가운데 부분에 채워져 꽉 조이는 것처럼 갑자기 가슴을 쥐어짜는 듯한 통증이 느껴졌어요. 제가 쓰러지는 소리를 듣고 남편과 친구가 저를 도우러 달려왔죠. 깊은 어둠 속에 빠진 것 같았고, 남편의 다급한 목소리가 아주 멀리서 들려왔어요. 그리고 저는 '이제 정말 끝이구나'라고 생각했죠.

자동차 사고로 사망했다고 여겨졌던 젊은 남성도 이렇게 말한다.

그곳에 있던 한 여자가 "이 사람 죽은 거예요?"라고

묻자 다른 사람이 "네, 죽었습니다"라고 답하는 것을 들었어요.

이런 기록은 의사나 현장에 있던 다른 이들이 기억하는 상황과 꽤 많이 일치한다. 예컨대 한 의사는 다음과 같이 이야기한다.

제가 담당했던 여성 환자분이 저와 다른 외과의가 수술을 시작하기 직전에 심정지를 일으켰습니다. 저는 그녀의 동공이 확장되는 것을 보았죠. 얼마간 심폐소생술을 시도했지만, 아무런 소득이 없어서 저는 그분이 이미 돌아가셨다고 생각했습니다. 그래서 옆에 있던 다른 의사에게 "한 번만 더 해보고 안 되면 그만두죠"라고 말했어요. 이때 심장이 다시 뛰기 시작했고, 환자분은 의식을 회복했습니다. 나중에 저는 그분에게 '죽음'에 대해 무엇이 기억나는지 물어보았죠. 그랬더니 기억나는 것은 많지 않지만, 제가 "한 번만 더 해보고 안 되면 그만두죠"라고 말했던 것은 분명히 들었다고 하더라고요.

그저 고요함,
온전한 평온함

죽음의 경험 초기 단계에서 많은 이들이 극도로 기분 좋은 느낌이 든다고 말한다. 심각한 뇌손상을 입은 한 남성은 다음과 같이 말한다.

> 부상당했을 당시에는 순간적으로 고통이 느껴졌지만, 이내 모든 아픔이 사라졌습니다. 마치 어두운 우주 속을 떠다니는 듯한 기분이 들었어요. 그날은 매섭도록 추웠는데 저는 그 어둠 속에서 따뜻함과 이제껏 경험해보지 못한 극한의 편안함만을 느꼈습니다. '나 죽었구나'라고 생각했던 기억이 나네요.

심장마비가 온 뒤 소생된 어느 여성은 당시의 느낌을 이렇게 설명한다.

> 정말로 놀라운 감정이 들기 시작했어요. 오직 평화로움과 편안함, 안락함, 그저 고요함 외에는 세상 그 무

엇도 느껴지지 않았어요. 모든 고민거리가 사라진 것
같았고, 저는 속으로 생각했죠.
'정말 조용하고 평화롭네. 그리고 이제 하나도 아프
지 않아.'

또 다른 남성은 이렇게 회상한다.

기분 좋은 고독과 평화가 오롯이 느껴졌어요. 아름다
웠고, 마음이 그저 평온했죠.

베트남 전쟁에서 부상으로 '죽었던' 남성은 그때의 느
낌을 이렇게 말한다.

깊은 안도감을 느꼈어요. 고통도 없었고, 그렇게 편
안했던 적이 없었습니다. 마음이 편하고 모든 게 좋
았어요.

죽는 순간
처음 듣게 되는 소리

많은 사례에서 죽음을 맞닥뜨리거나 죽음의 위기를 겪을 때 이상한 소리가 들렸다는 보고가 있었다. 때때로 이는 몹시 불쾌한 소리이기도 하다. 복부 수술을 받던 중 20분 동안 '죽었던' 남성은 "머릿속에서 아주 끔찍한 윙윙거리는 소리가 들렸어요. 정말 불편했죠. 절대 잊지 못할 거예요"라고 말했다. 또 한 여성은 의식을 잃었을 때 "어떤 소리가 시끄럽게 울렸어요. 웅웅거린다고 해야 하나, 굉장히 어지럽더라고요"라고 얘기했다. 이 기분 나쁜 소리를 "시끄럽게 딸깍거린다"거나, "으르렁거리듯 울린다"거나, "쿵쿵거리는 소리"라고 묘사하는 사람도 있었고, "바람이 불듯이 왱왱거리는 소리"라고 말하는 이도 있었다.

반면 청각적 자극이 좀 더 듣기 좋은 음악의 형태로 나타나는 경우도 있었다. 예를 들어 병원에 실려와 사망 선고를 받은 뒤 다시 살아난 한 남성은 죽음을 경험하는 동안 들은 소리를 이렇게 설명한다.

바람을 따라 흩날리며 먼 곳에서 종이 딸랑딸랑 울리는 듯한 소리가 들렸어요. 풍경소리 같기도 했죠. 한 번씩 들리는 것이라고는 그 종소리뿐이었어요.

혈액 응고 질환으로 인한 내출혈로 거의 죽을 뻔한 한 젊은 여성은 "쓰러진 순간 웅장하고 아름다운 음악 같은 소리가 들리기 시작했어요"라고 말했다.

어두운 터널을
지나다

소리가 발생하는 동시에 어떤 어둠의 공간으로 아주 빠르게 끌려 들어가는 느낌을 받는다. 이 공간을 설명하는 데 사용되는 단어는 다양하다. 내가 들은 표현도 동굴이나 우물, 길쭉한 통, 담으로 둘러싸인 공간, 터널, 깔때기, 진공, 빈틈, 하수관, 골짜기, 원기둥 등 여러 가지가 있다. 사람들은 각기 다른 용어를 사용하고 있지만, 모두 어떤 하나의 개념을 표현하려 한다는 점은 명확하다. '터널'이 중요한 부분을 차지하는 두 가지 사례를 살펴보자.

이 일은 제가 아홉 살짜리 어린 소년이었을 때 일어났습니다. 27년 전이지만, 어찌나 놀라웠는지 아직도 잊히지 않아요. 어느 날 오후, 제가 심하게 아파서 사람들이 저를 가까운 병원으로 급히 데려갔죠. 병원에 도착하니 의사들이 저를 마취시켜야 한다고 했는데, 그때는 너무 어려 이유는 알 수 없었습니다. 의사들이 제 코 위로 천을 덮어 마취제를 흡입시켰고, 나중에 듣길 그때 제 심장박동이 멈췄다는군요. 당시에는 그런 일이 벌어졌을 줄은 꿈에도 몰랐지만, 어쨌든 심장이 멎었을 때 어떤 경험이 일어났어요. 제가 느꼈던 그대로 한번 묘사해볼게요. 가장 먼저 일단 "따르르르릉, 따르르르릉, 따르르르릉"하고 종소리가 아주 규칙적으로 들렸어요. 그리고 이상하게 생각하실지 모르겠지만, 무슨 길고 어두운 공간을 통과했어요. 하수관이나 뭐 그런 곳 같았다고 할까요. 어떻게 설명해야 할지 모르겠네요. 그렇게 울려 퍼지는 소리를 계속 들으며 그곳을 따라 나아갔죠.

또 다른 연구 참여자는 이렇게 말한다.

저는 국소마취제에 아주 심한 알레르기 반응을 일으켰고, 호흡 정지가 와서 숨이 그대로 멈췄었어요. 가장 먼저 일어난 일은, 정말 순식간에 벌어졌는데 무슨 어두운 검은 공간을 엄청난 속도로 통과한 거였어요. 터널 같은 공간이었어요. 놀이공원에 있는 롤러코스터를 타고 무시무시하게 빠른 속도로 그 터널을 지나는 것 같은 기분이었어요.

한편 어느 남성은 심각한 질병으로 죽을 고비에 놓이

면서 동공이 확장되고 몸이 차가워졌다. 그는 그때의 경험에 대해 다음과 같이 이야기한다.

> 저는 완전히 시커멓고 어두운 공간에 있었어요. 설명하기 정말 어려운데, 그저 암흑 속 텅 빈 곳을 따라 움직이는 것 같은 느낌이었죠. 하지만 의식은 있었습니다. 공기가 없는 원통 속에 있는 것 같기도 했어요. 제 절반은 이곳에, 나머지 절반은 어떤 다른 곳에 가 있는 듯한 어중간한 느낌이었습니다.

심한 화상과 낙상으로 여러 차례 '사망했던' 남성은 다음과 같이 말한다.

> 저는 일주일 정도 쇼크 상태에 있었고, 그때 갑자기 어두운 공허 속으로 빠져나갔습니다. 허공을 떠다니고 헤엄치면서 그곳에서 꽤 오랜 시간을 보낸 것 같아요. 그곳에 얼마나 푹 빠졌었는지 다른 생각은 전혀 떠오르지 않았습니다.

이 남성은 죽음을 경험하기 전에는 어둠을 두려워했다. 그러나 자전거 사고로 인한 내상으로 심장이 멈췄을 때,

아래와 같은 느낌이 들었다고 한다.

> 깊고, 아주 어두운 골짜기를 지나는 것 같은 느낌이 들었어요. 어둠이 너무나 짙고 캄캄해서 아무것도 보이지 않았지만, 상상 이상으로 기분 좋고 편안한 느낌이었습니다.

또 다른 사례에서 한 여성은 복막염이 발생했던 때를 떠올리며 이런 이야기를 들려주었다.

> 의사 선생님이 저와 마지막 인사를 하라고 가족들을 불러주셨어요. 간호사는 제가 더 편안하게 세상을 떠날 수 있도록 주사를 놓아주셨고요. 잠시 후 주변의 병원 풍경이 점점 아득해져 갔죠. 주위에 보이던 것들이 멀어지면서 저는 머리부터 아주아주 어두운 통로로 들어갔고, 몸이 그 안에 딱 맞는 느낌이었어요. 그리고 저는 아래로, 아래로 계속 미끄러져 내려가기 시작했죠.

죽음에 아주 근접했던 한 남성은 종교적 배경으로 인해 그가 겪은 경험을 다음과 같이 묘사한다.

갑자기 아주 어둡고, 깊은 골짜기 안에 있었어요. 그 골짜기 사이로 도로 같은, 어떤 길이 나 있었고, 저는 그 길을 따라 내려가고 있었죠. 나중에 회복하고 나서 이런 생각이 들더라고요.

'이제 성경에 나오는 죽음의 음침한 골짜기가 어떤 곳인지 알겠어. 가봤으니까.'

몸 밖으로
나가다

우리는 대부분 자신을 신체와 동일시한다. 물론 '정신'도 있다고 하지만, 대다수 사람에게 정신은 신체에 비해 훨씬 덧없는 것에 불과하다. 사실 정신은 그저 신체의 일부인 뇌에서 일어나는 전기적·화학적 작용의 결과에 지나지 않을지 모른다. 그러니 우리는 많은 사람에게 익숙한, 신체 안에서 존재하는 방식 이외에 다른 방식으로 자신이 존재할 수 있다는 것은 상상조차 할 수 없다.

내가 인터뷰한 사람들 모두 죽음을 경험하기 전에는 이러한 관점에서 평범한 사람들과 전혀 다를 바 없었다. 바로 그 이유로, 죽음에 이른 사람들이 어두운 터널을 빠르게 통과한 뒤 극도의 놀라움에 휩싸이는 경우가 많다. 왜냐하면 이 시점에서 '구경꾼'이나 '방 안의 제삼자'처럼, 마치 영화 속 인물과 사건을 지켜보는 것처럼 신체 바깥에서 자신의 몸을 지켜보게 되기 때문이다. 이번에는 몸 밖으로 나가서 겪는 이러한 불가사의한 사건들을 자세히 설명한 사례들을 살펴보자.

저는 열일곱 살이었고, 동생과 함께 놀이공원에서 일
하고 있었습니다. 어느 날 오후, 저희는 수영하러 가
기로 했고 다른 친구들과 함께 여럿이 물에 뛰어들었
어요. 누군가 앞서서 호수를 가로질러 헤엄쳐 갔고,
다들 뒤따라 수영했습니다. 예전에도 수없이 건너본
곳인데 그날따라 호수 한가운데서 가라앉아 버리고
말았어요. 위아래로 계속 허우적거리다가 갑자기 몸
바깥으로 나가서 멀리 떨어지는 것 같은 기분, 모두
와 멀어져 우주 공간에 혼자 있는 것만 같은 기분이
들었어요. 저는 같은 높이를 유지하며 가만히 떠 있
는데, 제 몸이 1미터쯤 옆에서 위아래로 버둥거리고
있는 모습이 보였죠. 저는 제 몸을 살짝 오른쪽 뒤에
서 바라보았어요. 밖으로 빠져나왔는데도 여전히 몸
이 완전한 형태를 지닌 듯한 느낌이 났어요. 말로 표
현할 수 없을 정도로 가벼운 느낌도 들었고요. 마치
깃털처럼요.

어느 여성은 자신이 겪은 일을 떠올리며 이렇게 말한다.

약 1년 전, 저는 심장에 문제가 생겨 병원에 입원했
고, 다음 날 아침 병원 침대에 누워 있던 중 가슴에

아주 심한 통증을 느꼈습니다. 호출 버튼을 누르자 간호사들이 달려와 처치를 시작했죠. 등을 대고 누운 자세가 불편해 돌아누웠는데 호흡이 멈추고 심장이 멎었어요. 바로 그때 간호사들이 "코드 블루! 코드 블루!"라고 소리치는 것이 들렸어요. 저는 그 소리를 들으며 몸 밖으로 빠져나와 매트리스와 침대 옆 난간 사이로, 사실 난간을 거의 통과하듯 쭉 미끄러져 바닥까지 내려가는 느낌이 들었습니다. 그러더니 천천히 위로 떠오르기 시작했어요. 올라가면서 열 명쯤 되는 간호사들이 병실로 뛰어 들어오는 것을 보았어요. 의사 선생님도 마침 회진을 돌다가 간호사들과 함께 들어오는 것이 보였고요. '의사 선생님은 왜 오셨을까?' 하는 생각도 들었어요. 어쨌든 그 옆을 둥둥 떠서 지나친 뒤 밑을 내려다보며 천장 바로 아래에서 멈췄어요. 마치 누군가가 훅 불어서 천장으로 떠올린 종잇조각 같은 기분이었어요.

그리고 저는 그 위에서 사람들이 저를 소생시키는 모습을 바라본 거예요! 제 몸은 침대 위 잘 보이는 곳에 뻗어 누워 있었고, 모두가 그 주변을 빙 둘러서 있었어요. 간호사 한 명이 제 위로 몸을 숙여 인공호흡을 시도했죠. 저는 저를 인공호흡하는 간호사의 뒤통수를 지켜봤어요. 그 짧게 다듬은 머리 모양을 절대 잊지 못할 것 같아요. 바로 그때 기계가 들어왔고 사람들이 제 가슴에 전기충격을 가했어요. 그러자 제 몸이 통째로 침대에서 튀어 올랐고, 뼈마디 하나하나가 우두둑하며 뚝뚝 부러지는 소리가 들렸어요. 정말 끔찍한 일이었죠! 그들이 제 가슴을 압박하고 팔다리를 문지르는 것을 지켜보며, 저는 생각했어요.
'왜 저렇게들 애를 쓰는 거지? 난 지금 정말 괜찮은데.'

한 젊은 연구 참여자는 이렇게 설명한다.

2년 전쯤 제가 막 열아홉 살이 되던 때 일어난 일이었어요. 제 차로 친구를 집에 데려다주는 중이었고, 교차로에서 잠시 멈춰 양쪽을 살폈지만 다른 차는 보이지 않았어요. 그래서 교차로에 진입했고, 그때 친구가 목이 찢어지게 고함을 지르는 것을 들었죠. 그제야 저희를 향해 빠르게 달려오는 자동차 헤드라이트의 눈부신 불빛이 보이더군요. 차가 부서지는 듯한 무시무시한 굉음이 들리는 순간 제가 사방이 막힌 까마득한 어둠 속을 지나는 것 같은 느낌이 들었습니다. 정말 찰나에 벌어진 일이었어요. 그리고 저는 차에서 대충 5미터 정도 떨어진 곳에서 공중에 1.5미터

가량 둥둥 떠 있었고, 굉음은 서서히 사그라들었어요. 사람들이 달려와 차를 둘러쌌고, 언뜻 봐도 충격에 휩싸인 친구가 차에서 빠져나오는 것이 보였어요. 그리고 그 틈으로 사고 잔해 속 제 몸이 보였고, 사람들이 저를 끌어내리려고 애쓰는 모습도 보았어요. 다리는 완전히 뒤틀려 있었고, 온 사방에 피가 흥건했죠.

예상할 수 있다시피, 이런 상황에 놓인 이들에게는 일찍이 떠올려본 적 없던 온갖 생각과 감정들이 스쳐 지나간다. 대부분은 몸 바깥으로 나온다는 것을 상상할 수조차 없기 때문에, 아무리 직접 경험하고 있다고 해도 상황 자체가 개념적으로 이해되지 않아 큰 혼란을 느끼고, 꽤 오랜 시간 동안 죽음과 연관 짓지 못한다. 왜 갑자기 마치 구경꾼이 된 것처럼 자기 자신이 한 발짝 떨어진 곳에서 보이는 것인지, 대체 나에게 무슨 일이 일어나고 있는지 의아해한다.

이 낯선 상태에 대한 감정적 반응은 다양하게 나타난다. 대부분 가장 먼저 자신의 몸으로 되돌아가고 싶다는 간절한 생각이 들지만, 어떻게 해야 돌아갈 수 있는지 감조차 오지 않는다. 거의 공황에 빠진 것처럼 무척이나 두려웠다고 회상하는 이들도 있다. 반면, 어떤 이들은 다음의 이야기와 같이 자신이 처했던 상황에 대해 좀 더 긍정적인 반응을 들려주었다.

제가 병이 악화돼서 급히 병원에 입원했을 때였어요.
어느 날 아침, 짙은 회색 안개가 저를 둘러쌌고, 저는
몸에서 빠져나왔습니다. 몸에서 벗어나는 것이 느껴
졌고, 둥실둥실 떠오르는 느낌이 들었어요. 아래를 보
니 침대 위에 누워 있는 제 모습이 보였지만 이상하
게 전혀 두렵지 않았어요. 제가 죽어가고 있고, 몸으
로 돌아가지 않으면 그대로 죽어서 사라질 수도 있겠
다는 느낌이 들었지만 아주 평화롭고, 고요하면서 조
용했죠. 전혀 당황스럽거나 무섭지도 않았어요. 그저
평온했고, 걱정해야 할 일이 아니라고 생각했어요.

몸 밖으로 빠져나오는 일만큼 사람들은 자신이 떠나고
난 뒤 남겨진 몸에 대해서도 각기 다른 태도를 보였다. 그
중 많은 사람이 자기 몸이 걱정되는 마음이 가장 컸다고
보고했다. 죽음을 경험할 당시 간호학과 학생이었던 한
여성은 그런 상황이라면 누구나 이해할 만한 두려움을
느꼈다며 다음과 같이 말한다.

이런 말을 한다는 게 좀 이상하다는 건 알지만, 간호

대학에서는 자신이 죽은 뒤 신체를 기증하는 게 당연한 거라는 생각을 심어주려 해요. 그런데 이 일을 겪으면서, 사람들이 제가 호흡을 되찾게 하려고 애쓰는 모습을 보며 저는 '제발 내 몸을 해부용 시체로 쓰지 않았으면!' 하는 생각밖에 들지 않았어요.

몸 밖으로 나왔을 때 이 여성과 정확히 똑같은 걱정을 했다는 사람을 이후에 두 명 더 만날 수 있었다. 흥미로운 사실은 이들 중 한 명은 의사, 다른 한 명은 간호사로 두 사람 모두 의료계에 종사하고 있었다는 것이다.

또 다른 사례에서는 이러한 두려움이 안타까움의 형태로 나타났다. 한 남성은 추락사고로 몸이 심하게 으스러지고 심장박동이 멈췄던 때를 떠올리며 이렇게 말한다.

지금이야 당시에 제가 침대에 누워 있었다는 걸 알아도, 그때는 어느 순간 갑자기 침대가 보이고 저를 수술하는 의사의 모습이 보이더라고요. 무슨 상황인지 이해되지는 않았지만, 저는 침대 위에 누워 있는 제 몸을 바라보았어요. 그리고 제 몸이 얼마나 끔찍하게 망가졌는지 보였고, 정말 마음이 아팠죠.

몇몇 사람들은 자기 몸에 대해 낯선 감정이 들었다는

인상적인 이야기를 들려주기도 했다.

> 저는 제가 그렇게 생겼는지 전혀 몰랐어요! 아시다
> 시피 모두 사진이나 거울 앞에서 자기를 보는 데에만
> 익숙하잖아요. 그런데 갑자기 눈앞에 제 몸이 딱 있
> 고, 그걸 보게 된 거예요. 1.5미터 정도 떨어져서 제
> 몸 전체를 명확하게 볼 수 있었죠. 그런데도 그게 저
> 라는 걸 한눈에 알아차리지 못했을 정도였어요.

어떤 보고에서는 이 낯선 감정이 다소 극단적이고 우
스운 형태로 나타났다. 의사인 한 남성은 임상적 '죽음'을
겪으면서, 죽고 나서 거무죽죽한 색으로 변한 자신의 몸
을 침대 옆에서 내려다보고 있던 때의 이야기를 전했다.
그는 혼란과 절망에 휩싸여 어떻게 해야 할지 결정하려
했다. 너무나 불안했던 그는 결국 망설이다가 그냥 사라
지기로 했다. 어린 시절 할아버지에게 귀신 이야기를 듣
고 자랐기 때문인지 역설적으로 "아무리 저게 나라고 해
도 죽은 사람처럼 보이는 것 옆에 있기는 싫었기 때문이
다"라고 했다.

그와 정반대로, 어떤 이들은 자기 몸을 봐도 별다른 감
정이 전혀 느껴지지 않았다고 말했다. 예를 들어 어떤 여

성은 심장마비가 오면서 자신이 죽을 거라는 확신이 들었다. 순간 그녀는 몸 밖으로 빠져나와 어둠을 통과하며 빠르게 멀어져가는 것을 느꼈다. 그녀는 그때의 상황을 다음과 같이 설명한다.

저는 제 몸을 한 번도 돌아보지 않았어요. 물론 거기 잘 있다는 건 알았죠. 보려고 하면 볼 수도 있었을 거예요. 하지만 전혀 보고 싶지 않았어요. 저는 제 삶에서 최선을 다했고, 이제 다른 영역으로 시선을 돌리려 하던 참이었으니까요. 제 몸을 돌아본다는 것은 과거를 돌아보는 것이라 생각했고, 저는 그러고 싶지 않았거든요.

마찬가지로 교통사고로 심하게 다쳐 유체 이탈을 경험한 어느 소녀의 이야기도 들어보자.

모여든 사람들 틈으로 자동차 사이에 뒤엉켜 있는 제 몸이 보이긴 했지만, 글쎄요. 그렇다고 어떤 감정이 생기거나 하지는 않았어요. 뭐랄까, 그냥 물건 같았다고나 할까요? 제 몸이라는 건 알았지만, 이상하리만큼 아무 느낌도 없었어요.

몸에서 분리되었다는 기이한 상태라 해도, 죽음을 맞이한 사람은 너무나 갑작스럽게 그 상황을 맞닥뜨렸기 때문에 그가 경험하는 것이 어떤 의미인지 깨닫는 데 시간이 걸릴 수 있다. 자신이 죽어가고 있거나 이미 죽었다는 것을 인식하기까지, 혼란스러운 머릿속을 필사적으로 정리하고 자신에게 무슨 일이 벌어지고 있는지 이해하려고 노력하느라 몸 밖으로 나온 상태에서 꽤 오랜 시간을 보낼 수도 있다는 것이다.

그리고 마침내 자신이 처한 상황을 깨닫게 되면, 강렬한 감정이 일면서 자신도 놀랄 만한 생각이 들기도 한다. 한 여성은 '오, 내가 죽었구나! 정말 좋은걸!'이라는 생각이 들었던 것으로 기억한다. 어떤 남성은 '이게 죽음이라는 거구나' 하는 생각이 들었다고 보고하기도 했다.

그런데 자신이 죽었다는 사실을 알아차렸어도, 당혹감에 휩싸이거나 자신의 상태를 받아들이려 하지 않을 수도 있다. 예컨대 한 남성은 《성경》에서 인간의 평균 수명을 70세로 잡은 것을 떠올리며 그에 비해 자신은 고작 20년밖에 살지 못했다는 것에 분한 마음을 느꼈다고 한다. 한 젊은 여성은 몸 밖에서 느꼈던 곤혹스러움에 대해 아래와 같이 인상 깊은 이야기를 전한다.

저는 제가 죽었다는 게 아쉽거나 하지는 않았지만, 이제 어디로 가야 할지 도무지 알 수 없었어요. 생각이나 의식은 살아 있을 때와 다르지 않았는데, 그냥 아무것도 이해가 되지 않았죠. 저는 계속 생각했어요, '어디로 가지? 어떻게 해야 하지?', '세상에, 내가 죽었다니! 말도 안 돼!'

사실 그렇잖아요. 자기가 죽을 거라고는 생각하지 못했죠. 다른 사람한테나 일어나는 일이고, 언젠가 나한테도 찾아올 수 있다는 걸 알고는 있어도 막상 죽음을 경험하니 마음 깊은 곳에서는 그럴 리 없다는 생각이 들더라고요. 그래서 저는 흥분이 가실 때까지 기다려 보기로 했어요. 사람들이 제 몸을 데려가고 나면 저도 어디로 가야 할지 알게 될 수도 있으니까요.

몇몇 연구 사례에서는 죽음에 이르러 몸에서 영혼, 정신, 의식(혹은 독자가 무엇이라 부르든 그것)이 빠져나온 뒤에는 자신이 '몸'에 들어가 있는 느낌이 전혀 들지 않았다고 한다. 그들은 마치 '순수한 의식 그 자체'인 것 같은 느낌이 들었다고 한다. 한 남성은 몸에서 벗어나 있는 동안 자신이 마치 한 점의 의식인 것처럼 "공간을 차지하지 않지만 누워 있는 자신의 몸 전체를 포함해 주변에 있는 모든 것을 볼 수 있는 것처럼 느껴졌다"라고 설명했다. 또 다른 이들은 주위에서 일어나는 일들에 몰입한 나머지 물리적 신체에서 빠져나온 후 어떤 종류의 '몸'에 있었는지 기억나지 않는다고 보고했다.

그러나 연구 참여자 대다수는 물리적 신체에서 빠져나온 뒤 자신이 또 다른 몸속에 있는 것 같았다고 말한다. 바로 여기서 우리는 극도로 다루기 까다로운 영역을 마주하게 된다. 이 '새로운 몸'은 사후 경험에서 인간이 사용하는 언어로는 표현할 수 없어 큰 어려움을 느끼는 측면 중 하나이기 때문이다. 이 '몸'에 대해 나에게 이야기한 참여자들 거의 모두가 어느 순간 답답해하며 "설명을 못 하겠어요"라고 하거나 그와 비슷하게 보고했다.

그럼에도 이 몸에 관한 이야기들 사이에는 분명한 유사성이 있다. 서로 다른 사람들이 서로 다른 단어를 통해 서로 다른 설명을 풀어놓아도 이 다양한 표현 방식들은 결국 하나의 영역으로 모인다. 또한 새로운 몸의 일반적인 특징이나 속성도 명확하게 일치한다. 따라서 그 '몸'의 특성을 잘 반영하고, 연구 참여자들이 실제로 사용하기도 했던 용어를 따라 이제부터 그 몸을 '영적 신체(spiritual body)'라 부르려 한다.

죽음에 이른 사람들은 우선 자신이 할 수 없게 된 일들을 통해 영적 신체가 생겼다는 것을 알게 된다. 그들은 물리적 신체에서 나오고 나면, 다른 사람들에게 필사적으로 자신이 처한 곤경을 말하려 해도 아무도 그 말을 들을 수 없다는 것을 깨닫는다. 이는 호흡 정지로 심폐소생술을 받았던 한 여성의 이야기에서 잘 드러난다.

저는 의료진들이 제 의식을 회복시키려 노력하는 모습을 보았어요. 정말 이상했죠. 그렇게 높이 있던 것은 아니고 받침대 위에 올라간 느낌? 엄청 높지도 않았고, 사람들을 살짝 내려다보는 정도의 위치였어요. 말을 걸어보려고 해봤지만 아무도 제 목소리를 들을 수 없었고, 들으려 하지도 않았죠.

자신의 목소리가 주변 사람들에게 들리지 않는다는 사실에 더해 영적 신체에 깃든 사람은 곧 자신의 모습이 다른 이들에게 보이지 않는다는 사실도 깨닫게 된다. 의료진을 포함해 그의 물리적 신체 주위로 모여든 사람들이 어쩌다 그의 영적 신체가 있는 곳을 똑바로 바라보더라도 그를 본 듯한 낌새가 전혀 없다. 또 영적 신체는 실체가 없어 사물을 그대로 통과해 지나가고, 다른 사람이나 물체를 만지려 해도 손에 쥘 수 없다.

의료진들이 저를 살리려고 정맥 주사를 꽂고 제 몸

을 마구 내리치고 있었어요. 저는 계속 "저 좀 내버려 두세요. 그냥 그대로 놔둬 주세요. 제발 그만 치세요!"라고 말하려 애썼어요. 하지만 그들에게는 제 말이 들리지 않았죠. 그래서 저는 그들의 손을 잡아서 제 몸을 치지 못하게 막으려 했지만, 아무 일도 일어나지 않았습니다. 저는 아무것도 할 수 없었어요. 무슨 일이 벌어진 건지 잘 모르겠지만, 분명 제가 그들의 손을 잡고 치우려 했는데 아무리 힘을 주어도 그대로였어요. 제 손이 그냥 뚫고 지나갔는지 어쨌는지 모르겠어요. 그들의 손을 아무리 잡아당기려 해도 압력이 전혀 느껴지지 않더라고요.

또 다른 일화에서는 이렇게 묘사한다.

사람들이 사고 현장 주변으로 사방에서 모여들고 있었어요. 사람들이 다가오는 것이 보였고, 저는 아주 좁은 길 한가운데 있었습니다. 그런데 사람들은 제 앞까지 와도 저를 의식하지 못하더라고요. 그저 앞을 똑바로 보면서 계속 걸어올 뿐이었죠. 사람들이 너무 가깝게 다가와 저는 몸을 돌려 길을 비켜주려 했지만, 그들은 저를 그대로 통과해 지나갔습니다.

그뿐 아니라, 영적 신체는 무게가 없다는 점 또한 끊임없이 보고되고 있다. 위에서 제시한 사례에서처럼 대부분은 방 천장으로, 혹은 공중으로 떠오르면서 이 사실을 처음 알게 된다. 많은 이들이 새로운 몸에 대해 '둥둥 뜨는 기분', '무중력의 느낌', '떠다니는 느낌'이 들었다고 묘사한다.

일반적으로 우리가 물리적 신체에 들어가 있을 때는 우리 몸과 여러 신체 부위가 순간순간 어느 위치에 있는지, 움직이고 있는지 아닌지를 알려주는 다양한 인지 방식이 있다. 물론 시각과 평형감각이 큰 역할을 하지만 또 다른 감각이 하나 더 있다. 바로 운동감각이다. 운동감각은 힘줄과 관절, 근육에서 발생하는 움직임이나 긴장감을 느끼는 감각을 말한다. 그러나 우리는 대개 운동감각을 지각하지 않는다. 항상 사용하다 보니 그 느낌이 무뎌졌기 때문이다. 그러나 갑작스럽게 운동감각이 사라져버리면, 그 즉시 운동감각이 없다는 걸 느낄 것이다. 실제로도 상당수가 영적 신체에 있는 동안 몸의 무게감이나 움직임, 자세 등을 전혀 자각하지 못했다고 말했다.

영적 신체의 이러한 특징들은 처음에는 한계로 여겨질 수 있지만, 동시에 한계가 없는 것으로도 볼 수 있다. 이렇게 생각해보자. 영적 신체에 있는 사람은 다른 주변 사람들보다 유리한 위치에 있는 것이다. 그는 다른 사람들을 볼 수도 있고, 그들이 하는 말을 들을 수도 있지만, 반대로 그들은 그를 보거나 그의 소리를 들을 수 없다. 또 손잡이를 잡으려 해도 잡히지 않겠지만, 어차피 문을 그냥 통과할 수 있기에 상관없다. 그렇게 감을 잡고 나면, 여행을 다니는 것도 영적 신체에 들어 있는 상태에서라면 굉장히 쉬워진다. 물리적 사물은 전혀 걸림돌이 되지 않고, 눈 깜짝할 사이에 아주 빠르게 장소를 이동할 수도 있기 때문이다.

그뿐만 아니라, 물리적 신체에 있는 사람들은 지각할 수 없어도, 영적 신체를 경험한 사람들은 모두 말로는 설명하기 어렵지만 영적 신체는 분명 어떤 무언가라고 입을 모아 이야기한다. 그들은 영적 신체가 어떤 형태나 모양을 갖추고 있으며(공 모양이나 일정한 형태가 없는 구름 같았다거나, 때로는 물리적 신체와 근본적으로 똑같은 모양), 심지어 여러 부위(팔과 다리, 머리 등 우리 신체 부위와 유사한 돌출부)로 나누어져 있다고 말한다. 영적 신체가 전체적으로 둥그스름한 형태였다는 보고에서조차 위아래가 명확한 양 끝이 있고 방금 언급한 '부위들'까지 있었다고 하는 경우가 많다.

이 새로운 몸은 여러 다른 말들로 표현되지만, 모두 같은 개념을 가리키고 있다는 것을 누구라도 쉽게 알 수 있다. 가령 연구 참여자들이 사용한 말에는 '안개', '구름',

'수증기', '에너지 형체', '연기 같은', '투명한' 등 이와 유사한 의미를 지닌 여러 단어나 표현이 있다.

마지막으로 거의 모두 유체 이탈 상태에서는 시간을 초월한다고 말한다. 많은 사람이 인간의 언어가 시간의 제약에서 자유로울 수 없기 때문에 어쩔 수 없이 영적 신체에 있는 동안 발생한 일을 시간 순서대로 서술해야 하지만, 그들의 경험에서 시간은 결코 물리적 세계에서처럼 유의미한 요소가 아니었다고 설명한다.

다음은 이렇게 영적 신체 속에 존재하면서 겪을 수 있는 환상적인 측면을 직접 경험하고 전한 다섯 명의 인터뷰에서 따온 내용이다.

○○

그때 저는 커브를 돌다가 차가 균형을 잃으며 도로를 벗어나 공중으로 떠올랐어요. 푸른 하늘이 보였던 기억이 나고, 차가 도랑으로 떨어지는 것도 봤어요. 차가 도로를 벗어나는 순간, "사고가 났구나"라고 혼잣말처럼 말했죠. 그 시점에서 시간 감각이 사라진 것 같았고, 제 몸과의 연결이 끊어진 느낌이었어요. 몸에 관한 한 물리적 현실이 사라져버린 거죠. 제 존재, 자아, 영혼, 뭐라고 부르는지 모르겠지만, 그게 머리 위로 떠올라서 몸 밖으로 나가는 게 느껴졌어요. 그런데 전혀 아프거나 한 건 아니고, 그냥 뭔가 떠올라서 제 위에 있는 것 같았죠.

제 '존재'는 밀도가 있는 것처럼 느껴졌는데 물리적인 밀도는 아니고, 마치 파동 같은 느낌이었어요. 물리적이라기보다는 에너지가 차 있는 것 같다고 할까요? 그런데 또 뭔가 있는 느낌도 들었어요. 명확한 윤곽은 없지만 작고 둥근 느낌이요. 마치 구름처럼, 어떤 틀 안에 있는 것처럼요.

그게 몸 밖으로 나올 때는 큰 쪽이 먼저 나가고 작은 쪽이 나중에 나가는 것 같았어요. 무척 가벼운, 정말 가벼운 느낌이었죠. 제 '물리적' 몸에는 어떤 압박도 없고, 완전히 분리되어 이루어지는 느낌이었어요. 제 몸이 무게가 전혀 나가지 않았으니까요.

그날의 경험에서 가장 놀라웠던 순간은 제 존재가 머리 앞부분 위쪽에 가만히 떠 있을 때였어요. 마치 떠날지, 그대로 있을지를 고민하는 것처럼요. 그때는 시간이 멈춘 것처럼 느껴졌어요. 사고가 일어난 시점이나 마지막 순간에는 모든 일이 정말 순식간에 벌어졌는데도요.

제 존재가 물리적 특징을 보이지 않았는데도 저는 물리적 용어를 통해 설명할 수밖에 없어요. 아무리 다양한 방식으로, 수많은 단어를 동원해 묘사할 수 있다고 해도 정확히 들어맞는 표현은 없을 거예요. 설명하기에 너무 어려워요.

○○

'제가 물리적 신체 바깥으로 빠져나왔을 때' 몸 밖으로 나와 분명 어떤 다른 곳으로 들어간 것 같았어요. 제가 아무것도 아닌 존재가 됐다고는 생각되지 않았거든요. 분명 다른 몸이었는데 일반적인 사람의 몸은 아니었던 거죠. 좀 달랐어요. 인간의 몸 같지는 않았지만, 그렇다고 무슨 물질 덩어리도 아니었습니다. 형태는 있지만, 색은 없었고요. 그리고 손이라고 할 만한 것도 여전히 갖고 있었습니다.

설명하기가 너무 어려워요. 당시 저는 제 몸이나 다른 주변에 있는 것들을 보느라 제가 어떤 몸에 들어 있는지는 크게 생각해보지 못했어요. 그리고 이 모든 일이 너무 빠르게 진행되는 것 같았어요. 시간이 중요하면서도 동시에 그렇게 유의미한 요소가 아닌 듯했습니다. 몸 밖으로 나가면 시간이 훨씬 빠르게 흐르는 것처럼 느껴져요.

○○

제가 수술실로 실려 갔던 것과 그 이후 몇 시간이 고
비였던 것이 기억나요. 그때 저는 물리적 신체에서
계속 나갔다 들어왔다 하고 있었고, 바로 위에서 제
몸을 지켜볼 수 있었어요. 하지만 그러면서도 물리적
인 몸과는 다른데, 에너지 형체 같다고 해야 할까요?
아무튼 어떤 몸 안에 있긴 했어요. 굳이 말로 표현하
자면 투명하고, 물리적 존재와는 다른 영적 존재였다
고 할 수 있을 것 같아요. 그렇지만 확실히 여러 부분
으로 이루어진 몸이었어요.

○○

심장박동이 멈추자 제가 둥근 공이 된 듯 느껴졌고,
마치 그 공 안에 있는 비비탄 같은 작은 구체에 들어
있는 기분이었습니다. 어떻게 이야기해야 할지 모르
겠네요.

○○

저는 조금 떨어진 곳에서 제 몸을 바라보며 몸 밖에
나와 있었지만, 물리적 몸에 있을 때와 다를 바 없이
계속 생각하고 있었습니다. 그리고 제 생각이 이루

어지던 곳도 평소 제 키 높이였죠. 엄밀히 말하면 제가 어떤 몸에 들어 있던 것은 아니었어요. 약간 캡슐 같은, 어떤 명확한 형태 같은 것을 느낄 수 있었던 것 같아요. 눈에 보이지는 않았는데, 마치 에너지가 모여서 형성된 작은 공처럼 그냥 거기 있는 것 같았어요. 저는 온도라든가 보통 몸에서 느껴지는 그 어떠한 감각도 느끼지 못했고요.

또 다른 사람들은 새로운 신체가 물리적 신체와 모양이 비슷했다고 언급하기도 했다. 한 여성은 몸 밖에 나와 있는 동안, "무게가 없어도 여전히 팔이나 다리, 몸의 모든 부분을 느낄 수 있었어요"라고 말했다. 천장 바로 아래에서 자신의 몸에 심폐소생술을 하는 모습을 지켜보았던 어느 여성도 "저는 계속 어떤 몸 안에 있었어요. 몸을 쭉 뻗으며 아래를 내려다보았는걸요. 다리를 움직여보니 한쪽 다리가 다른 쪽 다리보다 따뜻하게 느껴졌어요"라고 말했다.

어떤 이들은 이러한 영혼 상태에서 움직임에 제한이 없는 것처럼 생각도 무척 자유로웠다고 회상한다. 나는 연구 참여자들이 죽음을 경험하는 동안 새로운 상황에 익숙해지고부터는 물리적 존재에서보다 더 또렷하고 빠르게 생각할 수 있었다고 설명하는 것을 여러 차례 들었다. 예를 들어, 한 남성은 자신이 '죽었던' 때에 대해 이렇게 말한다.

> 지금은 불가능한 일들이 그땐 가능했습니다. 정신이 무척 맑아졌어요. 기분이 정말 좋았죠. 여러 번 생각할 필요도 없이 처음으로 저의 정신이 인지 과정을 전부 알아서 척척 해결해주는 느낌이었어요. 얼마 지나지 않아 제가 경험한 모든 것들이 제게 의미 있는 무언가가 되었어요.

새로운 몸에서 느끼는 지각은 물리적 신체에서의 지각과 같으면서도 다르다. 어떻게 보면 영적 형태가 더 제한적이다. 앞서 보았듯이 영적 신체에서는 운동감각을 사용할 수 없다. 몇몇 사례에서는 온도를 전혀 느끼지 못했다는 사람도 있었지만, 대부분 편안한 따뜻함이 느껴졌다고 보고했다. 한편 물리적 신체 바깥에 있는 동안 냄새나 맛을 느꼈다는 사람은 모든 연구 사례를 통틀어 단 한 명도 없었다.

반면 물리적 감각에서 시각과 청각에 해당하는 감각들은 영적 신체에서도 또렷하게 유지되었을 뿐 아니라 물리적 세계에서보다 더 강화되고 완벽해지는 것으로 보고

되었다. 한 남성은 '죽은' 동안 시력이 믿을 수 없을 만큼 크게 향상되었고, 그의 말에 따르면 "어떻게 그렇게 멀리까지 보이는지 저조차도 이해가 되지 않을 정도였어요"라고 한다. 또 다른 여성은 "영적 감각은 어떤 한계도 없어 모든 곳이 다 보이고, 어디든 다 볼 수 있는 것 같았어요"라고 말한다. 이 현상은 사고를 당해 몸 밖으로 빠져나간 다음 어느 여성의 인터뷰에도 아주 자세하게 나타나 있다.

> 사람들이 구급차 주위를 마구 뛰어다니고 있었어요. 그리고 제가 멀리 있는 누군가를 쳐다볼 때마다 마치 줌 렌즈로 보는 것처럼 가까이 당겨져 보이면서 제가 그곳에 있었어요. 하지만 동시에 제 일부, 즉 정신은 여전히 제 몸과 몇 미터 떨어져 있던 그곳에 그대로 있는 것 같았죠. 멀리 있는 사람을 보고 싶으면 마치 추적하는 것처럼 제 일부분이 그 사람을 따라가는 느낌이었어요. 또 그때는 세상 어디에서든 무슨 일이 있다고 하면 제가 그냥 그 자리에 갈 수 있을 것처럼 느껴졌죠.

영혼 상태에서의 '청각'은 비유적인 표현일 수밖에 없고, 대부분은 물리적인 목소리나 소리를 들은 것이 아니라고 말한다. 대신 그들은 주변 사람들의 생각을 느낀 것으로 보이며, 나중에 살펴보겠지만 이렇게 생각을 직접 전달하고 느낄 수 있는 감각은 죽음의 경험 후반 단계에서 중요한 역할을 한다.

한 여성은 그 새로운 감각을 이렇게 설명한다.

저는 사방에 있는 사람들을 다 볼 수 있었고, 그들이 하는 말을 모두 알아들을 수 있었어요. 그런데 지금처럼 목소리가 귀에 들린 건 아니에요. 그보다는 그들이 어떤 생각을 하는지 그 생각을 알 수 있었던 것에 가까워요. 그 사람들이 실제로 사용한 단어를 통해서가 아닌 제 머릿속에서만 알 수 있는 것들이었어요. 그들이 입을 열기 전에 무슨 생각인지 알아채는 것이었죠.

마지막으로 아주 흥미롭고 독특한 어느 보고에 따르면, 물리적 신체가 심하게 손상되어도 영적 신체는 조금도 영향을 받지 않는다. 한 남성은 임상적 죽음에 이르게 된 사고로 다리를 절반 이상 잃었다. 그는 의사가 처치하는 동안 자신이 얼마나 다쳤는지 먼발치에서 명확히 봤기 때문에 이를 잘 알고 있었다. 그럼에도 그는 몸 밖에 나와 있으면서 다음과 같은 느낌을 받았다고 한다.

> 저는 몸이 있다는 것을 느낄 수 있었어요. 그것도 온
> 전한 몸이요. 완전한 느낌이 들었어요. 실제로는 아
> 니었지만 제 모든 부분이 다 있는 것 같았거든요.

이렇게 신체에서 분리되고 나면 다른 이들과는 단절된
다. 다른 사람들을 볼 수 있고, 그들의 생각을 완벽하게
이해할 수 있지만, 그들에게는 자신이 보이거나 들리지
않기 때문이다. 또 영적 신체는 실체가 없기 때문에 촉각
을 통한 소통마저 사실상 불가능하다. 따라서 이 상태에
서 어느 정도 시간이 지나면 깊은 고립감과 외로움이 든
다 해도 놀랄 만한 일이 아니다. 한 남성은 의사와 간호
사, 병원 직원들, 그 주변에 있는 모두를 볼 수 있었지만
어떤 식으로도 그들과 소통할 수 없었고, 그래서 "지독하
게 외로웠다"라고 전했다. 다른 연구 참여자들도 이 시점
에서 강렬한 고독감에 휩싸여 어찌할 바를 몰랐다고 표
현했다.

> 제가 당시 겪고 있던 모든 일들, 그 경험은 정말 아름
> 다웠지만, 말로 표현할 수 없었어요. 저는 '다른 사람
> 들이 저와 함께 볼 수 있다면 얼마나 좋을까?' 생각

했고, 누구에게도 제가 보고 있는 것을 제대로 설명할 수 없으리라는 느낌이 들었죠. 누구라도 그곳에서 저와 함께 경험을 나누었으면 좋겠다는 생각이 들면서 외로움을 느꼈습니다. 하지만 그 누구도 저와 있을 수 없다는 것을 알고 있었어요. 그때 저는 저만의 세상에 있다고 느꼈으니까요. 그땐 정말 진심으로 우울했어요.

다른 사례에서는 이렇게 표현한다.

저는 아무것도 만질 수 없었고, 주위 사람들 누구와도 소통할 수 없었습니다. 경이로우면서도 외로운 기분, 완전한 고립의 느낌이었어요. 저는 제가 온전히 혼자라는 것을 알았죠.

그리고 비슷한 맥락에서 아래와 같은 사례도 있다.

저는 그저 경탄했어요. 눈앞에 벌어지는 일을 믿을 수 없었죠. 부모님이 얼마나 슬퍼하실까 하는 걱정이나 그들을 다시는 볼 수 없다는 안타까운 마음은 딱히 들지 않았어요. 그런 생각은 한 번도 나지 않았던 것 같아요. 하지만 제가 혼자라는 것, 저만 다른 어딘가에서 온 것처럼 완전히 혼자가 되었다는 것은 내내 의식하고 있었어요. 모든 관계가 끊어진 것 같았죠. 그곳은 사랑이든 뭐든 아무것도 없는 것 같았거든요.

그러나 죽음에 이른 사람이 느끼는 외로움은 임사 체험의 더 깊은 단계로 나아가며 이내 사라진다. 어느 시점에 이르면 다른 이들이 그가 경험하고 있는 전환을 돕기 위해 찾아오기 때문이다. 이들은 흔히 그가 살아 있을 때 알던 가족이나 친구 중 먼저 세상을 떠난 사람들의 영혼 형상을 띤다. 다음에 이어질 내용에서 그들이 어떤 만남을 마주했는지 알아보도록 하자.

죽음
너머에서의

특별한
만남

3

사랑했던 이들을
다시 만나다

연구 참여자 중 상당수가 죽은 동안 어느 시점에 이르자 근처에 다른 영적 존재들이 있다는 것을 알게 되었다고 전했다. 이 영적 존재들은 죽음으로 나아가는 전환 과정을 도와주기 위해 왔거나, 아직 죽을 때가 되지 않았기에 물리적 신체로 돌아가야 한다고 말해주러 오기도 했다.

제가 아이를 낳을 때 겪은 일이에요. 분만이 무척 어려운 상황이었고, 출혈도 심했습니다. 의사는 가족들에게 제가 곧 죽을 거라고 얘기했어요. 하지만 저는 줄곧 의식이 깨어 있었고, 의사가 그 이야기를 하는 순간조차 정신이 더 맑아지는 것을 느꼈죠. 바로 그때 수많은 사람이 공중에 떠서 천장을 맴돌고 있다는 것을 깨달았습니다. 모두 제가 이전에 알고 지냈지만, 이미 세상을 떠난 사람들이었어요. 저희 할머니도 계셨고, 학교 다닐 때 알았던 여자아이와 여러 다른 친척들, 친구들도 있었죠. 주로 얼굴을 보고 그분들의 존재를 느꼈던 것 같아요. 다들 기뻐 보였습니다. 굉장히 행복한 순간이었고, 그들이 저를 보호해주기 위해 와준 것 같았어요. 마치 집에 돌아온 것처럼 다들 저를 맞이해주고 환영해주는 듯한 기분이었어요. 이 일을 겪는 내내 저는 모든 것이 가볍고 아름다운 느낌이었어요. 정말 아름답고 눈부신 경험이었습니다.

한 남성은 이렇게 회상한다.

제가 죽었다 살아나기 몇 주 전, 친한 친구 밥이 죽었어요. 그런데 제가 몸에서 빠져나오는 순간 밥이 바로 옆에 서 있는 듯한 느낌이 들었어요. 저는 머릿속에서 그를 볼 수 있었고, 친구는 거기에 있는 것 같았지만, 이상했어요. 물리적인 몸을 본 것은 아니었거든요. 그러니까 물리적인 형태는 아니지만, 밥의 모습이나 모든 걸 또렷하게 볼 수 있었어요. 이해되시나요? 그는 있었는데 물리적 신체는 없었던 겁니다. 투명한 몸이라고 해야 하나? 팔이나 다리 같은 부분들은 다 느낄 수 있었는데 물리적으로 보인 건 아니었어요. 그때는 제 눈으로 친구를 볼 필요가 없었으니 그게 이상하다고 생각하지도 않았어요. 어차피 눈도 없었고요. 저는 계속 물어봤죠.

"밥, 나 어디로 가야 해? 이게 무슨 일이야? 나 죽은
거야, 살아 있는 거야?"

그는 대답은커녕 한마디도 하지 않았어요. 그 이후로
도 밥은 제가 병원에 있는 동안 종종 나타났고, 아무
말 없이 제 곁을 맴돌았어요. 그리고 마침내 의사들이
제 가족에게 "환자분은 곧 회복하실 겁니다"라고 말
한 날, 밥은 떠났어요. 저는 그 친구를 다시는 보지 못
했고, 존재도 느끼지 못했어요. 마치 그 마지막 경계
선에서 혼란에 빠진 저를 위로해주기 위해 와준 것 같
았어요.

또 다른 사례에서는 죽음의 경계선에서 만난 영혼이
원래 알던 사람이 아닐 때도 있었다. 한 여성은 유체 이탈
을 경험하는 동안 자신의 투명한 영적 신체뿐 아니라 최
근에 사망한 다른 사람의 영적 신체도 봤다고 얘기했다.
그녀는 그 사람이 누군지 몰랐지만, 그에 관해 "이 사람,
이 영혼은 특정한 나이가 없는 것 같았어요. 저 자신도 시
간 감각이 없었는걸요"라고 매우 흥미로운 말을 했다.

아주 드물게는 자신이 만난 영적 존재가 자신의 '수호
영혼'이라고 믿는 사람들도 있었다. 어떤 남성은 자신이

만난 영혼에게 "나는 네 존재가 이 단계까지 오도록 도왔으니 이제 너를 다른 이들에게 넘기고자 한다"라는 말을 들었다고 한다. 또 다른 여성은 몸 밖으로 나오면서 다른 영적 존재 둘을 발견했고, 그들이 자신을 그녀의 '도우미 영혼'이라 소개했다고 한다.

이와 비슷한 다른 사례에서는 그들이 아직 죽지 않았으며, 돌아가야 한다고 말하는 목소리가 들렸다는 보고가 있었다. 그중 한 사람은 이렇게 설명한다.

저는 어떤 목소리를 들었어요. 사람의 목소리는 아닌데, 물리적 감각을 넘어서 들리는 어떤 목소리가 저에게 원래 몸으로 돌아가라고 말해주었고, 그 목소리를 듣고 나서 저는 물리적 신체로 되돌아가는 데 전혀 두려움을 느끼지 않았어요.

마지막으로, 영적 존재들이 일정한 형태를 띠지 않는 때도 있다.

저는 죽었을 때 그 공간에서 사람들과 이야기를 나누었지만, 형체가 있는 사람들과 대화했다고는 할 수 없을 것 같아요. 그래도 분명 주변에 사람들이 있다는 느낌이 들었고, 누군가를 보지는 못했어도 그들의 존재나 그들이 움직이는 것을 느낄 수 있었어요. 때때로 그중 한 명과 이야기하기도 했지만, 상대를 볼수는 없었죠. 그리고 제가 무슨 일이 일어나고 있는 것인지 궁금해할 때면, '모두 잘 되어가고 있어. 죽은 것은 맞지만 다 괜찮을 거야'라는 누군가의 생각이 전해져 오곤 했어요. 그래서 저는 제 상황에 대해 걱정하지 않았어요. 물음이 생길 때마다 항상 답을 받을 수 있었으니까요. 그들은 제 머릿속을 허전하게 두지 않았죠.

빛의 존재가
나타나다

그동한 연구한 사례들에서 공통으로 나타난 요소 가운데 가장 놀라우면서 임사 체험자들에게 가장 깊은 영향을 미친 것은 단연 '매우 밝은 빛'과 만난 일이다. 보통 이 빛은 처음에 나타났을 때는 희미했다가 금세 밝아지면서 비현실적일 만큼 찬란한 광채를 내뿜는다. 하지만 이 빛(흔히 흰색이나 투명하다고 하는)이 아무리 형언할 수 없을 정도로 환하다고 해도, 많은 이들은 이 빛 때문에 눈이 부시거나 아프지 않으며, 주변 사물이 보이지 않는 일도 없다고 강조한다(아마 이 시점에서는 눈부심을 느낄 '눈'이 없어서일 수도 있다).

그러나 이 빛이 보이는 이례적인 형태에도 불구하고, 누구도 그것이 어떤 존재, 말하자면 빛의 존재라는 점에는 조금의 의심도 표하지 않았다. 그뿐만 아니라 인간적인 존재라고도 말한다. 그것이 아주 분명한 인격을 지니고 있다는 것이다. 죽음을 맞이한 사람에게 이 존재가 발하는 사랑과 따스함은 이루 다 말할 수 없고, 이 존재 앞에서 온전한 편안함과 받아들여짐을 느끼며 빛에 완전히 둘러싸여 그 안에 흡수되는 듯한 느낌이 든다. 자석과도 같이 거부할 수 없는 끌림이 느껴지고, 불가항력적으로 이 빛에 이끌린다.

흥미롭게도 빛의 존재에 대한 묘사는 언제나 위와 같지만, 그 존재가 정확히 무엇인지에 관한 인식은 개인마다 다르며, 이는 종교적 배경이나, 교육, 신념에 따라 차이를 보이는 것으로 나타난다. 따라서 기독교인들은 대부분 이 빛을 그리스도라고 여기며 때로는 《성경》에서 그 해석을 뒷받침하는 비유적 표현을 찾기도 한다. 유대교인 어느 남성과 여성은 이 빛을 '천사'라고 했다. 그러나 여기서 둘 다 이 존재가 인간과 같은 형상이나 외모를 띠고 있었다는 의미는 아니었다. 그들 앞에는 오로지 빛뿐이었다. 그들은 이 존재를 사자나 인도자로 보았음을 전하고자 한 것이다. 한편 죽음을 경험하기 이전에 종교적 신념이나 관련한 교육을 받은 적이 없었던 한 남성은 그가 본 것을 단순히 '빛의 존재'라고 불렀다.

빛의 존재는 죽음으로 넘어오는 사람 앞에 나타나 얼마 지나지 않아 그와 소통하기 시작한다. 눈에 띄는 점은 이 의사소통이 앞서 영적 신체에 있는 사람이 주변 이들의 '생각을 느낄 수 있다'라고 이야기하면서 설명했던 것과 같은 직접적인 방식의 교류라는 것이다. 연구 참여자들은 여기서 다시 한번 그 존재로부터 어떠한 물리적인 목소리나 소리도 들려오지 않았으며, 그들 또한 귀에 들리는 소리를 통해 답하지 않았다고 말한다. 오히려 아무런 방해도 없이 곧바로 생각이 전달되며, 이렇게 명료한 방식으로 소통하기 때문에 이 빛이 전하려 하는 뜻을 오해하거나 거짓말을 할 가능성이 전혀 없다는 것이다.

더욱이 이 자유로운 대화는 모국어로 이루어지지도 않는다. 그런데도 그는 의미를 완벽하게 이해하고 즉각적으로 받아들인다. 하지만 죽음을 경험하는 동안 오갔던 이러한 생각과 이야기들을 소생 후 인간의 언어로 옮기기는 쉽지 않다. 그런 관계로 빛의 존재를 만난 다음, 입 밖으로 나온 적 없는 그 대화를 우리가 이해할 수 있는 말로 옮기는 게 무척 어렵다고 토로한다.

빛의 존재는 눈앞에 등장하자마자 경이로움과 동시에 어떤 생각을 전해온다. 나와 인터뷰한 사람들은 대체로 그 생각을 질문의 형태로 표현한다. '당신은 죽을 준비가 되었습니까?', '당신은 죽음을 받아들일 각오가 되어 있습니까?', '당신의 삶에서 제게 보여줄 만한 것은 무엇입니까?', '당신이 살아오는 동안 충분히 해낸 일이 있다면 무엇입니까?' 등이다. '준비'를 강조하는 처음 두 질문은 언뜻 '성취'를 묻는 뒤의 두 질문과 뜻하는 바가 다른 것처럼 보일 수 있다. 그러나 나는 모두 같은 의미를 전하려 한다는 느낌이 들었고, 어느 여성이 들려준 다음과 같은 이야기에서 이를 확인할 수 있었다.

그가 제게 가장 먼저 얘기한 건, 제가 죽을 준비가 되었는지, 그러니까 제 인생에서 그에게 보여주고 싶은 일이 있다면 무엇인지를 묻는 것 같았어요.

게다가 이 '질문'을 다른 형태로 표현한 경우에도, 설명을 들어보면 결국 같은 뜻이었던 것으로 나타났다. 예를 들어, 한 남성은 죽음을 겪는 동안 이런 질문을 받았다고 한다.

그 목소리는 저에게 "그만한 가치가 있나?" 하는 물음을 던졌습니다. 그리고 그 의미는 그때 제가 깨달은 바에 비추어 보았을 때 이제까지 살아온 저의 삶이 가치 있는지를 묻는 것이었죠.

그리고 연구에 참여한 모든 사람은 이 질문이 그들의 감정에 깊고 강한 영향을 미치지만, 비난의 느낌은 전혀 아니라고 단언한다. 그들이 무슨 대답을 하더라도 그 빛으로부터 계속해서 완전한 사랑과 수용을 느낄 수 있기 때문에 어떤 추궁이나 위협의 의도가 전혀 없음을 바로 알 수 있다고 한다. 그보다는 질문을 통해 그들의 삶을 되돌아보고, 생각하게 하기 위한 것으로 보인다. 말하자면 정보를 얻기 위해서가 아니라 질문을 받는 사람이 스스로 진실을 향해 나아갈 수 있도록 돕기 위한 소크라테스적 물음인 것이다. 이 놀라운 존재와 직접 만나고 대화한 이들의 경험담을 들어보자.

○ ○

저는 의사들이 제가 죽었다고 말하는 소리를 들었고, 그때 사방이 막힌 것 같은 그런 어둠 속으로 굴러떨어지는 듯한, 아니, 공중에 뜨는 느낌에 가까웠던 것 같기도 하고, 뭔가 그런 느낌이 들었어요. 말로 표현할 수가 없네요. 모든 것이 아주 캄캄했지만, 저 멀리 어떤 빛이 보였어요. 정말 눈부신 빛이었는데, 처음엔 그렇게 크지 않았어요. 제가 가까이 다가가면 다가갈수록 점점 커지더라고요.

저는 저 끝에 보이는 그 빛이 예수님이라고 생각했기 때문에 그분에게 가까워지려고 그곳까지 계속 나아갔어요. 전혀 두렵지 않았어요. 즐거운 경험이었다고도 할 수 있을 것 같아요. 저는 기독교인이라 그 빛을 보자마자 "나는 세상의 빛이니"라고 말씀하신 그리스도가 떠올랐죠. 저는 혼잣말을 했어요. "지금, 이

순간이 내가 죽는 순간이라면 저 빛 속에서 누가 날 기다리고 있는지 알 것 같아"라고요.

○○

어느 날 잠에서 깨서 물을 마시러 거실로 나갔고, 순간 저는 몸에 힘이 빠져 쓰러져 버렸습니다. 그러자 제 존재가 바람에 날리듯 움직이며 몸을 들락거리는 느낌이 들면서 아름다운 음악이 들려오기 시작했어요. 저는 둥둥 떠서 거실을 지나 문밖으로 나가서 방충망을 친 현관에 다다랐죠. 그곳에서 분홍색 안개 같은 구름이 저를 에워싸더니 마치 아무것도 가로막는 것이 없는 듯 그 방충망을 그대로 통과해 나갔어요. 그리고 어떤 순수하고 맑은 빛, 정말 눈부시게 반짝이는 하얀 빛 속으로 올라갔어요! 그 빛은 아름답고, 또 너무나 밝고 환했지만, 눈이 아프진 않았어요. 이 세상의 말로 묘사할 수 있는 빛이 아니었죠. 그 안에서 실제로 사람을 보지는 못했어도, 예사롭지 않은 자아가 느껴졌어요. 분명히요. 그 빛은 완벽한 이해와 완벽한 사랑을 보여줬거든요.

제 마음속으로 '나를 사랑하느냐?' 하는 생각이 들어왔습니다. 사실 정확히 질문 형태는 아니었지만, 제 생각에 그 빛이 전하고자 했던 말은 '네가 너를 사랑한다면, 이만 돌아가 네 삶에서 시작한 것을 완성하라'였던 것 같아요. 그리고 이 모든 일을 겪으면서 저는 엄청난 사랑과 자비 속에 푹 빠져 있는 기분이었죠.

○○

저는 제가 죽었고, 어떻게 손쓸 도리가 없다는 것을 알고 있었어요. 아무도 제가 하는 말을 듣지 못했으니까요. 저는 몸 밖으로 나와 있었어요. 수술대 위에 누워 있는 제 몸이 보였으니 의심할 여지가 없었죠. 제 영혼이 빠져나온 거예요! 처음엔 이 모든 상황이 기분 좋지 않았지만, 바로 그때 굉장히 환한 빛이 나타났어요. 처음 봤을 때는 약간 흐릿한 것 같았다가 갑자기 굉장한 빛이 쏟아졌어요. 크고 밝은 전등 같은 것과는 차원이 다른 어마어마한 양의 빛이었고, 그냥 정말 빛이 너무 많았어요. 그리고 그 빛은 제 쪽으로 열을 뿜었죠. 따뜻한 느낌이 들었어요.

그 빛은 흰색에 가까웠어요. 진짜 엄청나게 밝았는데, 표현이 안 되네요. 그 빛이 모든 것을 다 덮어버린 것 같았는데도 수술실이나 의사, 간호사, 주변이 다 그대로 보이더군요. 모든 게 똑똑히 보였어요.

그 빛이 처음 나타났을 때 저는 무슨 일이 일어나는

지 알 수 없었지만, 곧 그 빛이 제가 죽을 준비가 되었는지를 묻는 것 같더라고요. 사람과 대화하는 느낌인데 누가 그곳에 있는 것은 아니었죠. 제게 말을 걸고 있는 것은 빛이었으니까요, 그것도 목소리로요.

이제 생각해보니 저와 얘기하고 있던 목소리는 제가 죽을 준비가 되지 않았다는 사실을 아는 것 같았어요. 사실 그 목소리는 무엇보다도 저를 테스트하고 있었던 거죠. 그렇지만 그 빛이 입을 연 순간부터 저는 안전하고 사랑받는 느낌이 들어 기분이 무척 좋았어요. 그 빛에서 나오는 사랑은 정말 상상할 수 없고, 말로 표현할 수도 없을 정도였으니까요. 함께 시간을 보내고 싶은 사람 같다고 할까요? 유머 감각도 확실히 있었고요!

삶을
되돌아보다

처음 빛의 존재가 등장하고 마치 탐색하듯 비언어적 질문들을 던지는 것은 곧이어 인생을 파노라마처럼 다시 보여주는 놀랍도록 강렬한 순간에 대한 서막이다. 이 존재로 자신의 인생 전체를 전시회처럼 살펴볼 수 있으며, 사실상 정보를 구할 필요가 없다는 점은 여러 사례에서 분명히 드러났다. 즉 이 존재는 오로지 성찰을 촉구하려는 목적일 뿐이다.

이러한 회상 과정은 우리가 받아들일 수 있는 그나마 가장 비슷한 상황으로 기억을 더듬는 일에 빗대어 묘사할 수밖에 없겠으나, 일반적인 경우와는 차이가 있다. 가장 먼저 알아야 할 점은 이 과정이 엄청나게 빨리 이루어진다는 것이다. 시간의 틀 속에서 설명하면, 이 기억들은 일어난 순서에 따라 차례로 빠르게 지나간다고 한다. 한편 이와 달리 시간 순서를 전혀 인식하지 못했다는 사람들도 있다. 어쨌든 기억은 눈 깜짝할 사이에 떠오르고, 모든 것이 한꺼번에 기억나면서 머릿속에서 한 번 훑기만해도 다 이해할 수 있다. 기억이 제시된 방식과 관계없이 이 경험이 이승의 시간으로는 순식간에 끝났다고 모두 한목소리로 말한다.

그러나 연구 참여자들은 기억이 아무리 빠르게 지나가더라도 시각적 이미지를 통해 이루어지는 이 회상이 믿을 수 없을 정도로 생생하고 현실감 있다고 이야기한다. 어떤 경우에는 이미지들이 선명한 색상에 3차원 입체로 나타났고, 움직이는 영상으로 보였다는 사례도 있다. 그리고 이미지들이 빠르게 스쳐 지나가도 각각의 순간을 모두 인식하고 알아볼 수 있으며, 심지어 이미지를 보면서 그때의 감정과 기분까지 다시 느낄 수 있다고 한다.

연구 참여자 중 몇몇은 적절한 설명을 찾기 어렵지만, 그들이 살아오는 동안 경험한 가장 사소한 일부터 가장 의미 있는 일까지 회상 과정에 모두 등장했다고 말한다. 반면 어떤 이들은 인생에서 가장 중요한 사건들만 주로 보였다고 보고한다. 이 회상을 겪은 이후 얼마 동안은 살면서 일어난 일들을 아주 자세히 떠올릴 수 있었다고 하는 사람들도 있었다.

일부는 이것을 빛의 존재가 우리에게 가르침을 주기 위한 노력이었다고 본다. 그들이 기억을 돌아보는 동안, 빛의 존재는 삶에서 중요한 두 가지를 강조하는 것 같았기 때문이다. 첫째, 다른 사람을 사랑하는 법을 배우고,

둘째, 지식을 얻어야 한다고 말이다. 이러한 교훈이 드러나는 대표적인 사례를 살펴보자.

> 그 빛이 나타났을 때, 제게 처음으로 건넨 말은 "당신의 인생에서 제게 무엇을 보여줄 수 있나요?" 같은 의미의 말이었어요. 그리고 그때 회상 장면이 시작됐습니다. 저는 '세상에, 이게 무슨 일이야?' 하고 생각했죠. 느닷없이 제 어린 시절로 돌아갔으니까요. 그리고 그 후로는 아주 어릴 적부터 제가 살아온 한 해 한 해를 거쳐 현재에 이르기까지를 찬찬히 돌아보는 것 같았어요.
> 회상이 시작된 장면도 정말 이상했어요. 제가 동네에서 놀던 어린 소녀였을 시절이 먼저 보였고, 언니와 겪었던 일이나 이웃 사람들에 대한 것, 제가 갔던 곳들 등 그 시기의 다른 장면들도 보였어요. 그다음은 유치원이었어요. 제가 정말 좋아하던 장난감이 있었는데 그걸 망가뜨려서 꽤 오래 울었던 기억이 났죠. 저에게 정말 큰 충격을 안겨준 경험이었거든요. 이미지들이 계속 넘어가면서 제 삶을 쭉 보여줬고, 걸스카우트에서 캠핑했던 때와 초등학교 시절에 있었던 여러 일들이 떠올랐습니다. 그리고 중학교에서는 학업 우수자 동아리에 뽑혔던 순간이 생각났고요. 그렇

게 중학교 시절을 거쳐 고등학교, 졸업, 대학교까지, 죽음에 이르기 전까지 있었던 일을 모두 보았습니다. 과거 회상은 제가 살면서 겪은 순서대로 떠올랐고, 너무나 생생했어요. 마치 산책하며 주변을 보는 것처럼 선명하고, 3차원의 모습도 있었죠. 움직이기도 했고요. 예를 들어 제가 장난감을 망가뜨리는 장면에서 저는 제가 어떻게 움직였는지 다 볼 수 있었어요. 그런데 그때 당시 제 시점에서 상황을 전부 보는 건 아니었습니다. 그보다는 제 모습이 마치 영화 속 장면에 등장하는 다른 누군가의 모습으로, 놀이터에서 놀고 있는 여러 아이 가운데 한 명인 것처럼 보였어요. 하지만 그 아이는 물론 저였죠. 저는 어린 제가 무엇을 하는지 봤고, 그때 일을 기억하고 있었기 때문에 그 아이가 했던 행동은 제가 했던 것과 정확히 일치했습니다.

회상하는 동안은 그 빛이 보이지 않았어요. 제가 무엇을 하며 살아왔는지 묻더니 이내 사라졌고, 회상 장면이 시작됐거든요. 하지만 저는 그의 존재를 느낄 수 있었고, 중간중간 한마디씩 던지기도 했기 때문에 내내 제 곁에 있으면서 기억을 돌아보도록 도왔다는 걸 알 수 있었죠. 그리고 장면마다 저에게 무언가를 보여주려고 했던 것 같아요. 제가 어떻게 살았는지 그는 이미 알고 있었으니 자기가 보려는 게 아니라 제 인생에서 특정한 장면들을 선택해 제 앞에 보여주면서 제가 그 일을 다시 생각해보도록 한 거죠.

또 이 모든 일을 거치면서, 그 빛은 사랑이 얼마나 중요한지를 계속해서 강조했습니다. 그 점이 가장 잘 드러난 장면들은 저희 언니가 나오는 때였어요. 저는 늘 언니와 가까웠거든요. 그는 제가 언니에게 이기적으로 굴었던 순간들을 보여주는가 하면, 언니에게 진심으로 사랑을 표현하고 마음을 나눈 기억들도 그만큼 보여주었죠. 그러면서 제가 다른 사람들을 위해 노력하고, 최선을 다해야 한다고 말하더군요. 하지만 나무라는 기색은 전혀 없었습니다. 제 이기적인 행동이 나와도 그저 그 순간들조차 제가 배운 것이 있었다는 태도를 보일 뿐이었어요.

그는 지식에 대해서도 매우 관심이 있어 보였죠. 배움과 관련된 부분을 끊임없이 짚으며 제가 배움을 계속해나갈 것이라 했고, 자신이 저를 다시 찾아올 때도(이 시점에서는 제가 되돌아갈 것이라고 얘기해준 뒤였기 때문에) 항상 지식에 대한 탐구가 있으리라고 말했습니다. 지식을 얻는 것이 이렇게 끊이지 않고 이어지는 과정이라는 이야기를 들으며 죽음 이후에도 배움은 계속

된다는 느낌을 받았어요. 그 빛은 회상 장면들을 통해 저에게 가르침을 주려 했던 것 같아요.

사실 전부 다 이상했죠. 저는 분명 그곳에 있었고, 실제로 회상 장면들을 보면서 정말 하나하나 다시 돌아봤는데 그 과정이 굉장히 빨리 진행됐어요. 제가 모두 받아들일 수 있을 정도로 느리기도 했고요. 그 빛이 나타나고 주마등처럼 회상을 시작했다가 회상이 끝난 뒤 빛이 돌아왔죠. 5분도 안 지난 것 같았는데, 그래도 한 30초는 넘었던 것 같기도 하고 정확히 말씀드리기는 어렵네요.

유일하게 두려웠던 건 이곳에서의 생애를 마치지 못할까 봐 걱정됐을 때였어요. 하지만 지난 일을 돌아보는 일은 즐거웠습니다. 재밌었거든요. 어린 시절로 돌아가서 다시 살아보는 것 같은 기분을 느끼니 좋았어요. 평소에는 결코 경험할 수 없는 특별한 방법을 통해 과거로 돌아가 오랜 기억을 꺼내 보는 일이었으니까요.

한편 빛의 존재가 나타나지 않았어도 회상을 경험했다는 보고가 있다는 점 또한 유념해야 한다. 대개 빛의 존재가 명확하게 회상을 이끄는 경우에 더욱 강렬한 경험을 하는 것으로 보인다. 그럼에도 빛의 존재가 나타나는지 아닌지, 빛의 존재가 실제 죽음의 과정에서 발생하는지, 죽음의 위기를 가까스로 넘기면서 일어나는지에 관계없이 회상은 언제나 매우 선명하고 빠르며 정확하게 일어난다고 보고되었다.

그 모든 소란을 뒤로하고 길고 어두운 터널을 지나니 그 끝에 제가 어린 시절에 했던 생각들, 제 삶 전체가 제 앞을 빠르게 스쳐 지나갔습니다. 정확히는 이미지보다 머릿속 생각의 형태에 더 가까웠던 것 같아요. 어떻게 설명해야 할지 모르겠지만, 모두 거기 있더라고요. 전부 다 한 번에. 제 말은 하나씩 보인 것이 아니라 모든 생각들이 동시에 깜박거리며 한꺼번에 다 나타났어요. 저는 어머니 생각을 했고, 제가 잘못한 것들에 관해서도 생각했습니다. 어릴 때 저지른 사소한 못된 행동들까지 모두 다시 보았고, 어머니와 아버지를 떠올리자 제가 그것들을 하지 않았더라면 하는 후회와 함께 다시 돌아가 바로잡고 싶은 마음이 들었죠.

다음 두 사례에서는 과거 회상 당시 임상적 죽음이 발생한 것은 아니나, 생리학적 스트레스나 부상이 일어난 상황이었다.

　모든 상황은 정말 급작스럽게 벌어졌습니다. 저는 약 2주 전부터 미열과 함께 몸이 안 좋았지만, 이날 밤은 급격히 상태가 안 좋아지면서 컨디션이 훨씬 나빠졌죠. 저는 침대에 누워 있었고, 아내에게 몹시 아프다고 말하려 했지만, 몸을 움직일 수 없었던 기억이 납니다. 그 후 저는 텅 빈 암흑 속에 있었고, 제 일생이 눈앞에서 빠르게 펼쳐졌어요. 여섯 살 혹은 일곱 살쯤 때부터 시작해서, 초등학교를 거쳐 고등학교와 대학교를 지나 치과 대학으로, 그다음 치과 의사로 일하는 모습까지 보였죠.

　제가 죽는다고 생각하자 가족들이 가장 걱정됐어요. 죽는다는 것도 심란하게 느껴졌고, 살면서 했던 후회되는 일들, 미처 하지 못해 아쉬운 일들이 떠오르며 심란했습니다.

　회상 장면은 마음속에서 영상이 재생되는 것처럼 보였다고도 할 수 있지만, 보통 우리가 상상하는 것보다 훨씬 선명하더군요. 저는 하이라이트만 보였는데, 어찌나 빠르게 지나가던지 제 삶 전체를 한 권의 책처럼, 그것도 몇 초 만에 훑어보는 것 같았어요. 마치 어마어마하게 빨리 돌려보는 영화처럼 장면들이 제 앞을 스쳐 갔는데도 저는 모두 빠짐없이 보고 이해할 수 있었죠. 그렇지만 시간이 충분했던 것은 아니어서 영상을 보면서 그때의 감정이 되살아나진 않았습니다.

저는 이 경험을 하는 동안 다른 것은 보지 못했어요. 제가 본 이미지들 외에는 캄캄한 어둠뿐이었죠. 그러나 아주 강력하고 온전한 사랑으로 가득한 어떤 존재가 줄곧 제 곁에 있다는 것을 분명히 느꼈습니다.

정말 흥미로운 일입니다. 그때의 경험 덕분에 몸을 회복하고 나서 제 삶에서 있었던 모든 일을 아주 자세히 설명할 수 있게 되었거든요. 너무나 빠르게 일어나서 말로 표현하기 쉽지 않지만, 정말 생생한 경험이었어요.

한 젊은 참전 군인은 그의 회상을 이렇게 묘사한다.

저는 베트남에서 복무할 당시 부상을 당했고, 결국 그 부상으로 죽었지만 그럼에도 무슨 일이 벌어지고 있는지 한순간도 놓치지 않았습니다. 저는 기관총 여섯 발을 맞았는데 총알을 맞으면서도 전혀 충격을 받지 않았어요. 오히려 다치면서 안심이 되었던 것 같아요. 마음이 편했고 무섭지 않았죠.

총알이 박히는 순간, 제 삶의 순간들이 사진이 되어 제 앞에 나타나기 시작했고, 제가 아기였을 시절로 돌아가는 듯하더니 제가 살아온 인생을 쭉 보여주는 것 같았습니다. 모든 일이 기억나요, 모든 것이 너무나 생생했으니까요. 제 바로 앞에서 너무나 선명하게요. 제가 기억하는 가장 옛날부터 그날에 이르기까지를 보여주는 사진들이 휙휙 지나갔고, 끝까지 보는데 시간도 얼마 걸리지 않았어요. 그리고 전혀 슬프지 않았어요. 저는 아무런 후회도, 저 자신에 대해 실망스러운 기분도 느끼지 않고 제 삶을 돌아보았어요. 제가 생각할 수 있는 가장 비슷한 묘사는 슬라이드처럼 사진이 연달아 지나가는 느낌이었다는 겁니다. 누군가가 제 앞에서 아주 빠르게 슬라이드를 넘겨주는 것 같았어요.

마지막으로 실제 부상은 없었지만 죽음이 코앞까지 닥쳤던 위급 상황에 처해 극단적인 심리 상태에서 과거 회상이 일어났던 사례다.

저는 대학 첫해를 마친 여름, 큰 화물 트럭을 모는 일을 시작했습니다. 그런데 운전대를 잡으면 저도 모르게 자꾸 졸음이 쏟아졌어요. 어느 날 장시간 운전을 하면서 저는 꾸벅꾸벅 졸았죠. 마지막으로 도로 표지판을 봤던 게 기억이 나고, 그 뒤로 잠들어버렸는데 어느 순간 "끼익" 하는 끔찍한 소리가 들리더니 오른쪽 바깥 타이어가 터져 나갔고, 트럭의 무게와 흔들림 때문에 왼쪽 타이어마저 터져 버리면서 트럭이 한쪽으로 뒤집혀 다리를 향해 미끄러져 내려갔습니다. 무슨 일이 벌어졌는지 파악한 저는 두려움에 휩싸였어요. 트럭이 다리에 부딪힐 것이었으니까요.

트럭이 미끄러지는 그 시간 동안, 제가 그동안 했던 일들이 떠올랐어요. 몇몇 특정한 기억들, 중요한 순간들만 보였는데 정말 현실적으로 느껴지는 생생한 회상이었습니다. 처음 떠오른 것은 아버지를 따라 바닷가를 걸었던 일이었는데 그때 저는 두 살이었죠. 그리고 어린 시절에 있었던 일들이 몇 가지 더 순서대로 기억났고, 그다음은 다섯 살 때 크리스마스 선물로 받은 빨간 장난감 수레를 망가뜨린 일이 생각났어요. 1학년 때 어머니가 사주신 촌스러운 노란 우비를 입고 학교에 가면서 울었던 기억도 있었고요. 초등학교에서 보냈던 해마다 생각나는 부분이 조금씩 있었던 것 같아요. 선생님들에 대해서도 떠오르고, 해마다 기억에 남는 일들도 조금씩 있었으니까요. 그리고 중학교로 넘어가서 신문 배달을 했던 일이나 슈퍼마켓에서 일했던 때를 지나 대학교 2학년이 되기 직전이었던 바로 그 당시 시점까지 왔어요.

이 모든 기억과 다른 많은 일이 한순간에 제 머릿속을 스쳐 갔습니다, 아주 빠르게요. 1초도 채 안 걸렸던 것 같아요. 그런 다음 다 끝나고 보니 제가 서서 트럭을 바라보고 있길래 죽어서 천사가 되었나 싶었어요. 저는 제가 살아 있는지 유령인지 뭔지 확인하려고 몸을 꼬집었죠.

트럭은 완전히 박살이 났지만, 저는 상처 하나 입지 않았어요. 유리창이 모두 산산이 부서지면서 어찌어찌 앞 유리를 통해 빠져나온 것 같더라고요. 사태가 진정되고 나서, 저는 제 인생에서 깊은 인상을 남겼던 일들이 이 위기 상황에 머릿속에 떠올랐다는 사실이 이상하다는 생각이 들었습니다. 지금도 그 일들을 생각하면 하나하나 다 묘사는 할 수 있겠지만, 적어도 15분 이상 걸릴 거예요. 그런데 그때는 그 많은 일들이 모두 한 번에, 무의식적으로 1초도 되지 않아 떠올랐다니, 정말 놀라웠죠.

경계에
부딪히다

어떤 연구 사례에서는 임사 체험 중 장벽이나 경계라고
할 만한 것에 다다르는 것 같았다고 말하는 경우가 있었
다. 여러 경험담에서 이는 물줄기나 회색 안개, 문, 들판
을 가로지르는 울타리, 또는 단순히 선의 형태를 띤다고
보고되었다. 비록 추측이긴 하지만, 이러한 다양한 묘사
의 근원에 어떤 하나의 근본적인 경험이나 개념이 있을
지도 모른다는 의문을 제기할 수 있다. 그리고 만약 그렇
다면, 서로 다른 설명도 그저 근본 경험을 해석하거나, 표
현하거나, 기억하는 여러 방법 가운데 하나를 나타낸다고
볼 수 있을 것이다. 장벽이나 경계에 대한 인상이 주를 이
루는 이야기들을 함께 살펴보자.

○○

저는 심장마비로 '사망'했고, 그 순간 갑자기 푸르게
물결치는 들판에 와 있었어요. 아름다운 곳이었고,
제 주변은 이 세상 그 어떤 색과도 다른 아주 선명한
녹색이었습니다. 그리고 행복한 기분이 들게 하는 아

름다운 빛이 저를 감싸고 있었죠. 고개를 들어 들판 저편을 바라보니 울타리가 보였습니다. 저는 그쪽으로 발걸음을 옮기기 시작했고, 울타리 너머에 있는 어떤 남자가 저를 만나려는 것처럼 다가오는 것을 보았습니다. 그에게 가고 싶었지만, 저항할 수 없는 힘이 저를 뒤로 끌어당기는 느낌이 들었어요. 끌려가면서 보니 그도 돌아서서 반대 방향으로 울타리에서 멀어져가는 모습이 보이더라고요.

○○

이 경험은 제가 첫 아이를 낳을 때 있었던 일입니다. 임신 8개월 차에 접어들 무렵, 담당 의사는 제가 위험한 상황이라며 유도분만을 권했어요. 출산 직후 과다 출혈이 일어났고, 병원에서는 피를 멈추게 하는 데 어려움을 겪었죠. 저도 간호사였기 때문에 위험을 직감했습니다. 이때 저는 의식을 잃었고, 듣기 싫은 윙윙거리는 소리가 들렸어요. 그러다 어느 순간 제가 무슨 배 혹은 작은 선박에 올라 넓은 강을 건너는 것 같았어요. 그리고 멀리 보이는 기슭에 저희 어머니와 아버지, 언니, 다른 사람들까지 세상을 떠난 제가 사랑하는 사람들이 모두 모여 있었죠. 그분들을 분명히 볼 수 있었어요, 제가 알던 그 모습 그대로요. 다들 제게 어서 건너오라고 손짓하는 듯했지만, 저는 "전 아직 준비가 안 됐어요. 저는 죽고 싶지 않아요. 전 갈 준비가 되지 않았어요"라고 말했죠.

이게 정말 이상한 경험이었던 게, 저는 이 모든 일을 겪는 내내 제 몸을 붙잡고 씨름하는 의사들과 간호사들도 다 볼 수 있었지만, 제가 처치를 받는 그 몸, 그 사람이 아니라 구경꾼처럼 느껴졌어요. 의사한테 "전 죽지 않을 거예요"라고 말하기 위해 갖은 애를 썼는데도 아무도 제 목소리를 듣지 못했어요. 또 의사, 간호사, 분만실, 배, 강, 먼 기슭까지 모두 하나로 합쳐진 복합체로 보였어요. 장면 위에 다른 장면을 한꺼번에 겹쳐놓은 것처럼요.

마침내 배가 기슭에 거의 다 왔을 무렵, 도착하기 직전에 갑자기 방향을 돌리더니 되돌아가기 시작했어요. 그리고 저는 그제야 "전 안 죽을 거예요"라고 말할 수 있었죠. 아마 이때 제가 의식을 회복했던 것 같아요. 의사는 제가 산후 출혈이 있었고, 생명이 위태로울 뻔했지만 이제 괜찮을 거라고 얘기해줬어요.

○○

저는 심한 신장 질환으로 입원 중이었고 일주일 정

도 혼수상태에 빠져 있었어요. 의사들은 제가 살아남을 수 있을지에 대해 전혀 확신이 없었죠. 의식이 없었던 동안 저는 물리적인 몸이 전혀 없는 것처럼 공중으로 들어 올려지는 기분을 느꼈어요. 그리고 눈부신 하얀 빛이 제 앞에 나타났어요. 빛이 너무나 밝아서 그 뒤에 무엇이 있는지 보이지 않을 정도였지만, 그 존재 안으로 들어가니 마음이 차분히 가라앉았고 경이로움이 들었죠. 이 세상의 그 어떤 경험과도 비할 수 없는 것이었어요. 빛의 존재 앞에서 어떤 생각 혹은 단어들이 제 마음속으로 흘러들어왔어요. "죽음에 이르고 싶나요?"라는 물음이었죠. 저는 죽음에 대해 아무것도 몰랐기 때문에 "잘 모르겠다"라고 답했어요. 그러자 그 하얀 빛이 "이 선을 넘어오면 알게 될 겁니다"라고 말했어요. 그 선이 실제로 보이지는 않았지만, 제 앞 어디에 있는지 알겠다는 느낌이 들더라고요. 선을 넘어가자 평화롭고 잔잔하며 모든 걱정이 사라지는 황홀한 기분이 밀려왔어요.

○○

심장마비가 왔을 때 저는 시커멓고 텅 빈 공간에 있었고, 제 몸을 남겨둔 채 왔다는 것을 알 수 있었어요. 이제 죽는구나 싶어 '신이시여, 저는 늘 최선을 다하며 살았습니다. 제발 도와주세요' 하고 생각했죠. 곧 저는 그 어둠을 빠져나와 옅은 회색 공간을 지나서 미끄러지듯 빠르게 움직이며 계속 나아갔고, 앞쪽 멀리 회색 안개가 보이며 제가 그곳을 향해 달려들고 있었습니다. 저는 아무리 빨리 가도 모자란 것처럼 급하게 움직였고, 점점 가까워지면서 그 너머가 들여다보였죠. 안개 뒤로 사람들이 보였는데, 그 모습이 이 세상 사람들과 다를 바 없었고, 빌딩처럼 생긴 것도 보였어요. 그곳은 우리가 이곳에서 아는 것처럼 화려하기만 한 금색이 아니라 생생하고 부드럽게 빛나는 황금색의 너무나도 찬란한 빛이 충만했어요.

더 가까이 다가가자 제가 그 안개 속을 통과하고 있다는 것이 분명하게 느껴졌습니다. 인간의 언어로 묘사할 수 없을 만큼 아주 즐겁고 행복한 기분이 들었어요. 하지만 저는 아직 안개를 지날 때가 아니었던 것이, 반대편에서 몇 년 전에 돌아가신 삼촌이 나났거든요. 삼촌은 "돌아가거라. 넌 이승에서 해야 할 일이 남았어. 당장 돌아가"라고 말씀하시며 길을 막았습니다. 저는 가고 싶지 않았지만, 어쩔 도리가 없이 일순간에 제 몸으로 돌아와 있었어요. 가슴에 극심한 통증이 느껴졌고, 어린 아들이 "하느님, 엄마를 돌려주세요"라며 엉엉 우는 소리가 들렸죠.

○○

저는 염증 때문에 위독한 상태로 병원에 실려 갔고, 의사는 가망이 없다고 했습니다. 제게 시간이 얼마 남지 않았다며 가족들을 불렀죠. 가족들이 도착해 침대 주위를 둘러쌌고, 저는 가족들이 점점 더 멀어지는 것처럼 보였습니다. 제가 가족들에게서 멀어지는 것이 아니라 가족들이 뒤로 물러나는 것처럼요. 점차 모습이 흐려져 갔지만, 똑똑히 보였습니다. 이내 저는 의식을 잃어 병실에서 벌어지는 일은 전혀 알 수 없었고, 의자 정도 너비의 좁은 통로에 있더군요. 제 몸에 딱 맞는 통로였고, 저는 팔과 손을 양옆에 붙이고 있었죠. 저는 머리부터 통로로 들어갔고, 그 안은 매우 어두웠습니다. 아래 방향으로 쭉 내려가다 위를 보았더니 손잡이가 없는 아름답고 윤이 나는 문이 있었어요. 문 가장자리 주변으로 무척이나 밝게 빛나는 빛이 보였고, 새어 나오는 빛줄기를 보니 그 너머에서는 누구나 행복하고, 또 활기차게 뒤섞여 움직이는 것 같았어요. 정말 바쁜 곳인 것 같더라고요. 저는 고개를 들고 말했죠.

"주님, 제가 왔습니다. 원하신다면 저를 데려가세요."
세상에, 절 어찌나 빨리 돌려보내시던지 숨넘어가는
줄 알았습니다.

다시 삶으로
돌아오다

당연한 이야기지만 내가 인터뷰한 사람들 모두 임사 체험 중 어느 시점에는 돌아와야만 했다. 그러나 보통 이맘 때면 흥미롭게도 태도가 달라져 있다. 사망 직후에는 필사적으로 몸에 다시 들어가려 하거나 자신이 죽었다는 사실에 매우 슬퍼하는 경우가 많다. 그런데 죽음의 경험 속으로 어느 정도 이상 들어가면 다시 돌아가고 싶지 않고, 심지어는 몸으로 되돌아가기를 거부하기도 한다. 이는 특히 빛의 존재를 만날 만큼 멀리 간 사람들이 더욱 그렇다. 어느 남성은 "전 이 존재 곁을 절대 떠나고 싶지 않았어요"라고 힘주어 말하기도 했다.

또 죽음을 경험할 당시 어린 자식이 있는 여성들은 자신을 위해서라면 너무나 그곳에 남고 싶었지만, 아이를 길러야 한다는 책임감에 다시 돌아가야 한다고 느꼈다고 말했다.

그곳에 남고 싶다고 생각하는 순간, 아이들과 남편,

우리 가족이 떠올랐어요. 말로 설명하기 어려운데 그 빛 속에서 기분이 너무 좋으니까 사실 돌아가고 싶지 않더라고요. 하지만 저는 제게 가족을 보살필 의무가 있다는 것을 알고 있었어요. 그래서 돌아오기로 한 거예요.

어떤 사례에서는 몸에서 분리된 새로운 상태가 너무나 편안하고 안전하게 느껴졌고, 즐겁기까지 했지만, 중요한 일을 미처 다 끝내지 못했기 때문에 물리적 삶으로 돌아갈 수 있게 되어 기뻤다고 얘기하는 사람들도 있었다. 드물지만 학업을 마저 마치고 싶다는 바람으로 나타나기도 했다.

저는 대학교 졸업이 겨우 1년 남은 상황이었습니다. 저는 계속 '지금 죽고 싶지 않아'라고 생각했죠. 하지만 그곳에 몇 분만 더 있었더라면, 그 빛과 조금만 더 함께 있었다면 학교 생각은 접어두고 그때 경험하고 있던 일들에 마음을 빼앗겼을 것 같아요.

연구 참여자들의 이야기에 등장하는 물리적 삶으로 돌아온 방법이나 돌아오게 된 이유는 굉장히 다양하다. 대부분은 자신이 어떻게 혹은 왜 돌아왔는지 모른다고 답하거나 추측만 해볼 수 있다고 말한다. 그러나 몇몇은 몸으로 돌아가 이승의 삶을 이어가겠다는 자신의 결정이 분명 영향을 미쳤다고 말한다.

저는 몸 밖으로 나와 있었고, 결정을 내려야 한다는 것을 깨달았어요. 누가 들으면 이해하기 어렵겠지만 당시 저에겐 아주 명확하게 보였죠. 물리적 신체 바깥에 오래 머물 수 없다는 걸 알았어요. 몸 밖에 있으며 계속 그곳으로 나아갈지, 아니면 다시 몸 안으로 들어갈지 정해야 한다는 것을요. 솔직히 저 건너편이 정말 멋져서 남고 싶었어요. 하지만 제가 아직 해야 할 일이 남아 있다는 것도 어떤 의미에서는 그만큼 멋지다고 생각했죠. 그래서 전 '그래, 난 돌아가서 살아야 해'라고 결심했고, 물리적 신체 안으로 돌아왔어요. 죽음을 마치 제가 스스로 되돌린 것 같은 느낌이었다니까요.

한편 '신'이나 빛의 존재가 살려달라는 자신의 부탁을 (대개 이타적인 이유였다) 받아들여서, 그들이 완수해야 할 임무를 염두에 두고 다시 살아나게 해주었다고 생각하는 이들도 있었다.

저는 수술대에 올라 있었고, 사람들이 무엇을 하는지 다 볼 수 있었습니다. 제가 죽어가고 있다는 것, 이제 끝이라는 것을 알 수 있었어요. 그런데 그 순간 누가 우리 아이들을 돌볼지 걱정됐습니다. 그래서 전 갈 수 없었죠. 그리고 주님께서는 제게 다시 한번 삶을 허락하셨습니다.

어느 남성은 이렇게 회상한다.

저는 죽었었지만, 마치 신께서 삶에서 어떤 목적을 행할 수 있도록 제게 자비를 베푸신 것 같습니다. 그리고 그 목적은 아마 제 아내를 돕기 위함이었을 겁니다. 아내는 알콜 문제가 있었고, 저 없이는 절대로 극복할 수 없었을 테니까요. 다행히 지금은 많이 좋아졌고, 함께 문제를 해결할 수 있었던 것에는 제가 겪은 일의 영향이 컸다고 생각합니다.

아이를 둔 한 여성은 이런 느낌을 받았다고 한다.

주님께서 저를 돌려보내셨으나 이유는 모르겠습니다. 저는 분명 그분이 그곳에 계신다고 느꼈고, 그분 께서는 제 존재를 인식하고 제가 누군지 알고 계셨죠. 하지만 그런데도 절 천국으로 들여보내지 않으셨어요. 왜인지는 정말 모르겠네요. 그때 이후로 계속 생각해보았는데 양육할 두 아이가 있기 때문이었거나 아직 그곳에 갈 준비가 되지 않았기 때문인 것 같아요. 저는 여전히 그 답을 찾고 있지만, 어렵네요.

반면 자신의 의사와 관계없이 다른 사람들의 사랑이나 기도가 자신을 죽음에서 끄집어냈다고 표현하는 이들도 있다.

저는 병환으로 오래 누워계셨던 고모가 돌아가시기 얼마 전부터 계속 곁을 지켰습니다. 저는 정성을 다해 돌봐드렸고, 그동안 가족들은 고모가 다시 건강을 회복하시길 기도했습니다. 고모는 몇 번이나 숨이 멎으셨지만, 소생되셨죠. 그러던 어느 날, 고모가 절 바라보며 말씀하셨어요.
"내가 저기 저 너머에 가봤는데 그곳은 참 아름답더구나. 난 그곳에 있고 싶었지만, 너희가 이곳에 함께 남아 있어 달라고 기도하는 한 그럴 수가 없었어. 너희의 기도가 날 여기 붙잡아두는 거야. 부탁인데 이제 더는 기도하지 말아 주렴."

그렇게 저희는 기도를 그만두었고, 고모는 얼마 지나지 않아 돌아가셨어요.

한 여성은 이렇게 이야기했다.

저는 의사의 사망 선고를 들었지만, 저는 다시 살아났습니다. 그때 제가 겪은 경험은 이루 말할 수 없을 만큼 너무나 황홀한 기쁨이었어요. 돌아와서 눈을 떴더니 여동생과 남편이 그 모습을 보았습니다. 그들의 안도감을 느낄 수 있었고, 눈에서는 눈물이 흐르고 있더군요. 제가 살아나서 다행으로 여긴다는 것을 알 수 있었습니다. 여동생과 남편의 사랑이 저를 다시 이곳으로 돌아오게 한 것 같았어요. 그때부터 저는 사랑하는 사람을 위한 간절한 마음이 죽음에서 다시 끌어당겨 올 수 있다고 믿게 되었습니다.

죽음을 경험하고 온 이들 중 상당수는 경험 초기에 통과했던 어두운 터널로 빠르게 다시 끌려 들어갔다고 회상한다. 예컨대 죽음을 겪은 한 남성은 어두운 골짜기를 따라 앞으로 나아갔다고 말한다. 그런데 터널 끝에 다다랐다고 느낀 순간 뒤에서 자신의 이름을 부르는 소리가 들렸다. 그러자 그는 지나온 곳 그대로 다시 뒤로 끌려갔다.

물리적 신체로 다시 들어가는 것을 실제로 경험하는 사람은 소수이다. 대부분은 죽음의 경험이 끝날 무렵 잠이 들거나 의식을 잃은 느낌이었고, 나중에 물리적 신체 안에서 깨어났다고 보고한다.

> 몸 안으로 돌아온 기억은 없어요. 그냥 제가 둥둥 떠다니다가 잠들었는데 깨어나 보니 침대에 누워 있던 것 같았어요. 그에 비해 방 안에 있던 사람들은 제가 몸 밖에서 제 몸이나 주변 사람들을 봤을 때 있던 그대로였고요.

반면 임사 체험 마지막에 갑자기 확 당겨지는 느낌과 함께 물리적 신체가 있는 쪽으로 빠르게 끌려갔던 것을 기억하는 사람들도 있다.

> 저는 의사들이 제 몸에 심폐소생술을 하는 모습을 바라보며 천장에 떠 있었어요. 가슴에 전기충격을 가하자 제 몸이 펄쩍 튀어 올랐고, 저는 무거운 추처럼 그 위로 훅 떨어졌죠. 정신을 차리고 보니 다시 몸 안에 들어와 있더라고요.

또 다른 일화에서는 이렇게 묘사한다.

돌아가기로 마음먹자 갑자기 덜컥하며 몸속으로 들어가는 듯했고, 바로 그 순간 저는 삶으로 다시 건너온 것을 느꼈습니다.

신체와의 재결합을 비교적 자세히 기억하는 몇 안 되는 임사 체험자들의 말에 따르면, 몸으로 다시 들어가는 일은 '머리를 통해' 이루어진다고 한다.

제 '존재'는 큰 쪽과 작은 쪽이 있는 듯했고, 머리 위에서 달랑달랑 매달려 있다가 사고 후반부에 다시 몸 안으로 들어왔어요. 몸 밖으로 나갈 땐 큰 쪽이 먼저 나갔던 것 같은데 들어올 땐 작은 쪽이 먼저 들어왔던 것 같아요.

한 연구 참여자는 이런 이야기를 들려주었다.

사람들이 제 몸을 잡아 운전대 아래에서 빼내는 것을 보았을 때, 휙 하며 무슨 깔때기 같은 좁은 공간으로 끌려 들어가는 느낌이 들었어요. 그곳은 검고 어두웠고, 저는 빠르게 그 안을 통과해 제 몸 안으로 되돌아갔죠. 그렇게 다시 빨려 들어갈 때, 마치 머리에서부터 빨려 들어가는 것 같았어요. 저는 그 상황에 대해 어떠한 결정권도 없었고, 심지어 생각할 시간조차 없었어요. 제 몸에서 몇 미터 떨어진 곳에 있었는데 갑자기 순식간에 다 끝나버렸어요. '다시 내 몸으로 빨려 들어가는구나' 하고 생각할 시간도 없었다니까요.

실제로 응급 상황이 해결된 이후에도 임사 체험에서 겪은 모든 감정과 느낌이 한동안 남아 있곤 한다.

○○

저쪽 세상을 보고 나서 이쪽 세상에서 살아야 한다고 생각하니, 돌아오고 일주일은 울다가 안 울다가 했어요. 전 돌아오고 싶지 않았거든요.

○○

돌아오면서 거기서 느꼈던 좋은 감정들을 함께 가져왔어요. 그 기분이 며칠 동안 이어졌죠. 심지어 지금도 가끔 느껴져요.

○ ○

그 감정은 너무나도 말로 표현하기 어려웠어요. 어떻
게 보면 계속 남아 있는 것 같아요. 결코 잊은 적 없
거든요. 아직도 자주 생각하고요.

이야기를

전하려 해도

이러한 경험을 한 사람들은 그 일이 실제 상황이며, 얼마나 중요한 의미를 지니는지에 대해 한 치의 의심도 없다는 점을 알아야 한다. 연구를 진행할 당시 인터뷰에서도 그와 같은 발언을 흔히 볼 수 있었다. 예를 들면 이렇다.

몸 밖에 있었을 때 저에게 일어나는 일이 정말 놀라웠어요. 이해가 되지는 않았죠. 하지만 그건 분명한 현실이었어요. 제 몸이 너무도 뚜렷하게, 너무나 멀리 보였어요. 그땐 제 정신이 무슨 일을 벌이거나 무언가를 만들어낼 처지가 아니었어요. 어떤 생각을 하고 있지도 않았고요. 그럴 수 있는 상태가 아니었어요.

비슷한 맥락에서 다음과 같이 설명한 사람도 있다.

환각 같은 것은 전혀 아니었어요. 병원에서 진통제를 투여받았을 때 환각을 겪은 적이 있었는데 이 경험은 환각과는 달랐어요, 정말 완전히 달랐죠.

이런 이야기들 모두 꿈이나 환상을 현실과 아주 잘 구별할 수 있는 사람들의 사례에서 나온 것이다. 인터뷰 참여자들은 심리적으로 아무 문제가 없는 합리적인 사람들이다. 그들은 자신의 경험을 꿈처럼 풀어내지 않고, 자신에게 실제로 일어난 현실적인 사건이라고 분명하게 이야기한다.

이처럼 자신이 겪은 일이 현실이었으며 중요한 경험이라고 확신하지만, 그럼에도 그들은 현대 사회가 이러한 종류의 이야기를 받아들이지 않으리라는 것 또한 알고 있다. 오히려 많은 이들은 누군가에게 이 이야기들을 들려주면 정신적으로 불안정하다고 생각할지 모른다는 것을 진작부터 깨달았다고 말한다. 그래서 그들은 이 주제에 대해 침묵하거나 가까운 가족들 일부에게만 밝혔다고 한다.

무척 흥미로운 일이었죠. 하지만 저는 그냥 사람들에게 그 이야기를 하는 것을 좋아하지 않아요. 무슨 미친 사람 보듯이 쳐다보니까요.

어떤 이는 이렇게 회상한다.

저는 그 이야기를 아주 오랫동안 아무에게도 하지 않았어요. 전혀 언급조차 안 했죠. 그 누구도 제가 진실을 말하고 있다고 생각하지 않을까 봐, "거짓말하지 마"라고 할까 봐 두려웠거든요. 그러다가 가족들에게만 얘기해줬고, 지금까지도 그 외 다른 사람들한테는 결코 말한 적이 없어요. 그래도 가족들은 제가 멀리 다녀왔다는 것을 이해한 것 같아요.

다음은 처음에 다른 사람에게 이야기해보려다 무시당한 뒤로 입을 다물기로 한 사람들이다.

○○

제가 이야기한 유일한 사람은 저희 어머니였어요. 그 일이 있고 얼마 뒤 제가 어떤 느낌을 받았는지 이야기했죠. 하지만 저는 어린아이였을 뿐이었고, 어머니는 진지하게 받아들이지 않으셨어요. 그래서 전 그 뒤로 아무한테도 말하지 않았어요.

○○

저는 중학교와 고등학교 시절 꽤 인기가 있는 편이었고, 늘 물 흐르듯 무리에 섞여 있었습니다. 이 일을 겪고 주변에 이야기하니 자동으로 정신 나간 애 취급을 하더라고요. 앞에서는 관심 있게 들어 놓고 나중에 알고 보니 뒤에서는 "걔 진짜 미쳤어"라고 말하고 다녔다는 것을 알게 됐어요. 다들 그냥 우스운 농담거리로 생각한다는 것을 깨닫고 제 경험을 나누려는 노력을 그만두었습니다. 저는 "와, 진짜 신기한 일이 있었다니까!"라는 식의 이야기를 하려던 것이 아니었어요. 그보다는 제가 생각했던 것보다 그리고 확신하건대 그들이 생각했던 것보다 우리가 삶에 대해 알아야 할 점이 많다는 것을 진지하게 전해주고 싶었던 것이었죠.

어느 연구 참여자의 말을 빌리자면 이렇게 표현할 수 있다.

당신이 바라는 만큼 사람들이 이것을 그리 쉽게 받아들이지 않는다는 것을 금세 알게 됩니다. 단순히 무대에 올라 아무에게나 이런 얘기를 하고 다닐 수는 없다는 말이죠.

흥미롭게도 연구 사례 가운데 딱 한 건에서만 의사가 임사 체험에 대해 잘 알고 있었고, 그 경험을 이해해주었다.

가족들과 저는 의사 선생님께 저에게 무슨 일이 일어났던 건지 여쭤봤고, 그분은 사람이 심한 고통을 겪거나 심하게 다치면 영혼이 몸을 떠나는 경우가 자주 있다고 설명해주셨어요.

임사 체험을 이야기하려 할 때 상대가 미심쩍어하거나 이해하지 못한다는 점을 고려하면, 이러한 상황에 놓인 사람들은 거의 모두 자신이 유일무이하며, 그 누구도 자신이 겪은 일을 경험한 적이 없다고 느끼게 된다는 점은 어찌 보면 당연하다. 예를 들어 한 남성은 "저는 아무도 다녀오지 못한 곳에 다녀왔습니다"라고 말하기도 했다. 그래서 연구 참여자가 어떤 일을 겪었는지 먼저 자세히 인터뷰하고 나서 다른 사람들도 정확히 같은 경험과 생각을 했다고 전하면 대부분 깊은 안도감을 표한다.

다른 사람들도 같은 일을 경험했다니 정말 신기하네요. 전 전혀 몰랐어요. 다른 누군가도 같은 경험을 했다는 것을 들으니 이제야 제가 미치지 않았다는 확신이 들어요. 저는 항상 그 일이 실제로 일어났다고 생각했지만, 절 보며 "심장이 멈추면서 뇌도 같이 멈췄었나 보네!"라고 할까 두려워 아무에게도 얘기하지 않았어요.

다른 사람도 같은 일을 겪었을 수 있지만, 그 얘길 하고 다닐 리가 없으니 저와 같은 경험이 있는 사람을 만날 일이 없으리라 생각했어요. 우리 사회가 그렇잖아요. 그곳에 가보지 못했다면 저라도 누가 와서 그런 얘기를 하면 무슨 수작인지 의심했을 거예요.

한편 다른 이들에게 죽음의 경험에 대한 말을 삼가는 또 다른 이유가 있다. 그들은 자신의 경험이 어떠한 말로도 표현하기 어렵고, 인간이 이해할 수 있는 언어나 인지와 존재의 영역을 뛰어넘는 것이라 생각하기 때문에 설명하려는 시도조차 의미가 없다고 여긴다.

죽음의 경험이
삶에 미치는 영향

앞서 말한 이유로, 죽음을 경험했던 사람 중 그 경험을 이
야기하고 다니는 사람은 아무도 없다. 그가 겪은 현실을
다른 사람에게 어떻게든 이해시키려 하는 사람도 없다.
사실은 그 반대다. 그들은 오히려 자신에게 벌어진 일을
남들에게 말하는 것을 삼간다.

죽음 이후에 대한 경험은 그들의 삶에 굉장히 미묘하
고 조용히 영향을 미치는 것 같다. 많은 이들이 임사 체험
이후 삶이 더 깊고 넓어졌으며, 그 경험 덕분에 철학적으
로 깊이 성찰하게 되었다고 한다.

> 제가 대학에 가기 전에 있던 일인데, 그때 저는 무척
> 작은 마을에서 좁은 관계만 유지하며 살고 있었습니
> 다. 아주 전형적인 고등학생 나부랭이였어요. 하지만
> 이 일이 있고 난 뒤 저는 뭔가를 더 알고 싶어졌어요.
> 당시 전 그 작은 세상을 벗어나 본 적이 없었기 때문
> 에 이것에 대해 뭔가 알고 있는 사람이 아무도 없으

리라고 생각했죠. 심리학이라든가 그런 것도 전혀 몰랐고요. 제가 아는 거라곤 이 일이 있고 이전에 상상도 못 한 완전히 새로운 세상이 열리면서 하룻밤 새 훌쩍 나이를 먹은 듯한 느낌이었다는 거였어요. 저는 계속 '내가 알아내야 할 것이 너무 많아'라고 생각했죠. 말하자면, 우리에게는 금요일 밤 축구 경기를 보는 것 이상의 삶이 있다는 걸요. 그리고 '나'라는 사람에 대해서 저조차 모르는 것들이 많았고요. 그때부터전 '인간과 인간 정신의 한계는 어디까지일까?'라는 고민을 하게 되었어요. 정말 신세계를 열어 준 거죠.

또 다른 연구 참여자는 이렇게 말한다.

그때 이후로 제가 어떤 삶을 살았는지, 그리고 어떤 삶을 살 것인지를 계속해서 생각하고 있습니다. 예전에는 제 삶에 만족했습니다. 원하는 것을 모두 제 마음대로 하고 살았던 데다, 여전히 살아 있고 무언가를 계속해서 더 할 수 있으니 세상이 제게 빚진 것도 없다고 생각했어요. 하지만 죽음을 경험한 이후 갑자기 전 지금껏 해왔던 일들이 좋은 일이어서 했던 것인지, 아니면 그저 '나에게' 좋은 일이어서 했던 것인지 고민하기 시작했습니다. 이전에는 무슨 일이 있을 때 그냥 충동적으로 반응했다면, 이제는 천천히 생각해보고 움직입니다. 모든 것을 마음속에서 충분히 고민하고, 이해한 뒤에 움직이는 것 같습니다.

이제 저는 더 의미 있는 것, 저의 마음과 영혼이 더 즐거워지는 일을 하려고 노력합니다. 또한 편견을 갖거나 다른 사람들을 함부로 판단하지 않으려고 합니다. 저에게 좋은 일이 아니라 누구에게나 좋은 일을 하고 싶어요. 전보다 지금이 세상을 바라보는 눈이 한결 나아진 것 같습니다. 제게 일어난 일, 제가 죽음을 경험하며 갔던 곳들과 본 것들 때문인 것 같아요.

죽음 이후 되돌아온 물리적 삶에 대한 태도나 접근 방식이 달라졌다고 보고하는 사람들도 있다. 예컨대 한 여성은 "그 경험은 제게 있어 삶을 훨씬 더 소중하게 만들어 주었어요"라고 말했다. 죽음의 경험으로 인한 영향을 이렇게 설명하는 이도 있다.

어찌 보면 그건 축복이었어요. 심장마비가 오기 전에는 아이들의 미래를 계획하고, 어제의 일을 걱정하느라 늘 바빴고, 그래서 현재의 즐거움을 전혀 찾지 못하고 있었으니까요. 이제는 삶의 태도가 확연히 달라졌어요.

어떤 사람들은 그들이 겪은 일로 인해 '정신에 대한 개념'이나 물리적 신체와 정신을 비교했을 때 상대적으로 어느 것이 중요한지에 관한 시각이 바뀌었다고 말했다. 이러한 관점의 변화는 죽음에 가까워지면서 유체 이탈을 경험한 한 여성의 이야기에 특히 잘 드러나 있다.

저는 그때 물리적인 몸보다 저의 정신을 더 의식하고 있었어요. 몸의 형태보다는 정신이 가장 중요한 부분이었죠. 그전까지는 살아오는 내내 정확히 그 반대로 생각했어요. 몸이 주된 관심사였고, 정신은 그냥 잘 흘러가고 있겠거니 하는 게 다였어요. 그런데 죽음을 경험한 뒤부터는 정신을 우선하게 되었고, 몸은 그다음이 되었어요. 몸은 정신을 담는 무언가일 뿐이니까요.

극히 일부 사례에서는 임사 체험 후 거의 초능력에 가까운 직관력을 얻었다고 말한 경우도 있었다.

○○

이 경험 이후로 제 안에 새로운 영혼이 깃든 것처럼 느껴졌어요. 그때부터 사람들이 불안해할 때 제가 그들의 마음을 빠르게 진정시켜 주는 것 같다는 얘기를 많이 들었어요. 그리고 사람들에 대해 전보다 빨리 알아채게 되니 이전보다 더 잘 어울리게 되더라고요.

○○

죽음을 경험하고 나서 저는 다른 사람들의 삶에 필요한 것을 감지할 수 있게 되었어요. 예를 들어, 제가 회사에서 사람들과 엘리베이터에 탔을 때 그들의 표정을 보면 도움이 필요하다는 것과 그들이 필요로 하는 도움이 무엇인지도 알 수 있었어요. 그래서 고민이 많아 보이는 사람들과 자주 대화를 나눴고, 사무실로 데려와 상담해주기도 했어요.

○○

다치고 나서부터 남들의 생각이나 분위기를 알아채는 감각이 생겼고, 상대방의 분노도 느낄 수 있게 됐어요. 간혹 누군가 말하기 전에 그가 무슨 말을 할지 예측이 된 적도 많고요. 믿기 어려우시겠지만, 그때 이후로 정말 이상하고 기묘한 일들이 꽤 많이 일어났어요. 이 감각들이 제가 죽었던 동안 생긴 것인지 아니면 원래 잠재되어 있다가 죽음을 겪은 뒤 발현된 것인지는 모르겠어요.

죽음에 근접하면서 얻은 교훈에 대해서는 놀랍도록 진술이 일치하는 부분이 많다. 거의 모든 연구 참여자가 다른 것과는 비할 수 없는 아주 깊고 특별한 사랑을 타인에게 베풀며 사는 것이 이 삶에서 얼마나 중요한지를 강조한다. 빛의 존재를 만난 어느 남성은 자신의 일생이 그 존재 앞에 파노라마처럼 펼쳐지는 동안 완전한 사랑과 포용을 받는 느낌이었다고 한다. 그는 빛의 존재가 자신에게 던진 질문이 다른 사람들을 그와 같은 방식으로 사랑할 수 있는지 묻는 것이라고 느꼈다. 그는 이제 그런 사랑을 실천하는 법을 배우려고 노력하는 것이 이 세상에서 수행해야 할 자신의 임무라고 생각한다.

또한 많은 이들이 지식 추구의 중요성을 강조했다. 그들은 죽음을 경험하는 동안 은연중에 지식의 습득이 사후에도 계속된다는 사실을 깨달았다. 가령 한 여성은 죽음을 겪은 뒤 자신에게 주어진 학습 기회를 하나도 놓치지 않으려 했다. 또 다른 남성은 "나이가 몇 살이든 배움을 멈추지 마세요. 제가 알기론 영원히 끝나지 않는 과정이거든요"라고 조언하기도 한다.

인터뷰에 참여한 사람 가운데 이 경험을 통해 도덕적으로 정화되었다거나 완전해졌다는 느낌을 받았다고 말한 이는 아무도 없었다. 그 누구도 어떤 식으로든 '성인군자인 척하는' 태도를 보이지 않았다. 오히려 대부분 자신이 여전히 노력하고 있으며 여전히 답을 찾아 헤매고 있다고 강조했다. 죽음을 경험한 것을 계기로 이전과 다른 시각으로 삶을 보면서 새로운 목표와 새로운 도덕 원칙을 세우고 그 원칙을 지키며 살고자 하는 다짐을 하게 된 것뿐, 즉각적인 구원을 얻었다거나 도덕적으로 무결해진 것은 전혀 아니었다.

더는
죽음이 두렵지 않다

죽음의 경험은 물리적 죽음을 바라보는 그들의 태도에 큰 영향을 미쳤다. 특히 죽음 이후 어떠한 일도 일어나지 않을 것이라 생각했던 사람들에게 더 그렇다. 거의 모든 연구 참여자가 어떤 식으로든 이제 더는 죽음이 두렵지 않다고 표현했다. 그러나 여기서 분명히 해두어야 할 점이 있다. 첫째, 특정 방식의 죽음은 분명 바람직하지 않다는 것, 둘째, 이들 중 누구도 적극적으로 죽음을 원하지 않는다는 것이다. 그들은 모두 물리적으로 살아 있는 한 해야 할 과제가 있다고 생각하고, 여전히 자신의 삶에 변화가 필요하다고 말한다. 또한 임사 체험을 통해 잠시 경험한 그 영역으로 되돌아가기 위해 스스로 목숨을 끊을 이도 아무도 없을 것이다. 그저 죽음이라는 상태가 더 이상 무섭지 않은 것뿐이다. 이러한 태도를 잘 보여주는 몇 가지 사례를 함께 살펴보자.

○○

이 경험이 제 인생에 중요한 무언가를 남긴 것 같아

요. 그 일이 일어났을 때 저는 겨우 열 살짜리 어린아이였지만, 그때 이후로 지금까지 살아오는 내내 저는 추호의 의심도 없이 죽음 뒤에도 삶이 있다고 확신하고 있고, 그래서 죽음이 두렵지 않아요. 정말로요. 어떤 사람들은 죽는 것을 너무나 두려워하고, 무서워하더라고요. 하지만 저는 누군가 사후 세계의 존재에 대해 의구심을 갖거나 "죽으면 그걸로 모든 게 끝이야"라고 말하는 걸 들을 때마다 '아무것도 모르면서'라는 생각에 혼자 미소를 짓곤 했어요.

지금껏 살아오면서 참 많은 일이 있었어요. 누군가 총을 제 관자놀이에 갖다 댄 적도 있었죠. 그런데 별로 두렵지 않았어요. '내가 죽어도, 저들이 날 정말 죽여도 어딘가에서 나는 계속 살아갈 테니까'라는 생각이 들었으니까요.

○○

어렸을 때 저는 죽는 게 정말 두려웠어요. 한밤중에도 깨어나 엉엉 울기도 했죠. 그러면 부모님이 방으로 달려오셔서 무슨 일인지 물었어요. 저는 "사람은 언젠가는 죽게 될 텐데 그걸 막아줄 수는 없느냐"고 물어봤죠. 어머니는 저를 달래며 "그럴 수는 없단다.

그건 자연의 섭리야. 우리 모두 마주해야 하는 거란
다"라고 말씀해주셨어요. 죽음은 누구나 혼자 감당할
수밖에 없고, 그때가 되면 다 잘 해낼 수 있을 거라고
요. 그리고 세월이 흘러 어머니가 돌아가신 뒤 아내
와 죽음에 대해 이야기를 나누었습니다. 전 여전히
죽음이 두려웠어요. 죽음이 오지 않았으면 했고요.
하지만 죽음을 직접 경험하고 나서부터는 죽음을 두
려워하지 않게 됐습니다. 무서운 감정이 모두 사라졌
어요. 장례식장에서도 더는 불편한 기분이 들지 않아
요. 저는 고인이 어떤 일을 겪을지 아니까 오히려 축
복해주게 됐습니다. 이제 저는 더할 나위 없이 편안
해요.

○○

이제는 죽는 것이 두렵지 않습니다. 그렇다고 죽음
을 바란다거나 지금 죽고 싶다는 건 절대 아니에요.
아직 저는 할 일이 많고, 하고 싶은 것도 많아서 지금
저쪽 세상으로 가고 싶지는 않아요. 하지만 제가 죽
음이 두렵지 않은 이유는 이곳을 떠나면 어디로 가게
되는지 알기 때문이에요. 저는 그곳에 가봤으니까요.

○○

제가 제 몸으로 다시 돌아와 살아나기 전, 그 빛이 저에게 마지막으로 말한 건 다시 돌아오겠다는 것이었어요. 이번엔 제가 살아나서 인생을 이어가겠지만, 언젠가 다시 만나게 되는 때가 올 것이고, 그때는 제가 정말로 죽는 날이라는 얘기겠죠.

그래서 전 그 빛, 그 목소리가 돌아오리라는 것을 알지만, 그게 언제가 될지는 잘 모르겠어요. 그때도 아주 비슷한 경험이 되겠지만 훨씬 나을 거예요. 이제는 무슨 일이 펼쳐질지 아는 만큼 그렇게 혼란스럽지는 않을 테니까요. 그렇다고 금방 돌아가고 싶은 건 아니에요. 여기서 아직 하고 싶은 일들이 더 있거든요.

위의 이야기들에서 나타난 것처럼, 사후 세계를 경험한 사람에게 더는 죽음이 두렵지 않은 이유는 물리적 죽음 이후의 삶에 대해 어떠한 의구심도 들지 않기 때문이다. 이는 더 이상 모호한 가능성으로만 존재하는 게 아니라 직접 경험을 통해 확실히 알게 된 사실이다.

이 책의 초반에 죽음의 의미를 '잠'이나 '망각'에 빗대어 설명하는 '소멸'의 개념에 대해 논의했던 것을 기억하는가. 실제로 '죽었던' 사람들은 이러한 해석을 거부하며 죽음을 어느 한 상태에서 다른 상태로 옮겨가거나 더 높은 의식 또는 존재로 거듭나는 과정으로 묘사하는 비유를 선호한다. 죽음을 경험했을 때 자신을 마중 나온, 먼저 세상을 떠난 가족을 만난 어느 여성은 죽음을 '귀향'과 비교하기도 했다. 또 다른 이들도 각성, 잠에서 깨어나는 것, 감옥에서 탈출하는 것과 같이 심리적으로 긍정적인 다른 상태에 비유했다.

○○

어떤 사람들은 우리가 '죽음'이라는 단어를 잘 사용하지 않는 것은 "죽음으로부터 도망치고 싶어서"라고 합니다. 하지만 제 경우에는 그렇지 않습니다. 누구라도 저와 같은 경험을 하게 되면, 죽음은 없다는 사실을 알게 될 겁니다. 초등학교에서 중학교, 고등학교를 거쳐 대학교에 가는 것처럼 그저 한 단계를 졸업하고 다른 단계로 나아가는 거죠.

○○

삶은 감금이나 마찬가지입니다. 이 상태에서는 우리 몸이 얼마나 감옥과 같은지 이해할 수 없지만요. 그리고 죽음은 그 감옥으로부터 탈출하고 해방되는 일이죠. 이게 제가 떠올릴 수 있는 가장 최선의 비유인 것 같습니다.

사후 세계가 어떤 곳인지에 대해 전해 내려오는 속설을 믿던 사람들도 죽을 뻔한 경험을 자신이 직접 겪고 나면 어느 정도 생각이 바뀌는 것으로 나타났다. 실제로 연구 사례에서 사후 세계에 무엇이 있었는지를 설명할 때 신화적 묘사를 사용한 사람은 단 한 명도 없었다. 만화에서 나타나는 것처럼 빛나는 문과 황금색 길, 날개를 달고 하프를 연주하는 천사들이 있는 천국이나 불길이 타오르고 삼지창을 든 악마들이 있는 지옥을 이야기하는 사람은 아무도 없었다.

자신이 직접 경험한 뒤에는 습관처럼 상상해오던 사후 세계의 상벌(賞罰) 모델을 버리고, 기존에 갖고 있던 생각을 완전히 부정한다. 그들은 과거 자신의 못된 행동이 드러났을 때조차 빛의 존재는 화내거나 분노하는 반응이 아니라, 이해하는 태도와 심지어 유머러스한 모습을 보여주었다는 것에 굉장히 놀라웠다고 표현했다. 한 여성은 이 존재와 함께 자신의 삶을 돌아보는 과정에서 사랑을 베풀지 못하고 이기적이기만 했던 자신의 모습을 보았다. 그러나 그녀는 "이런 장면들에 이르렀을 때도 그 존재는 제가 이기적으로 구는 순간조차 무언가를 배우고 있다는 것을 알게 해줄 뿐이었어요"라고 말했다.

　이러한 경험을 하면서 많은 이들은 이전의 생각들을 버리고, 사후 세계에 대해 새로운 이해, 즉 일방적인 심판이 아닌 자아실현의 궁극적인 목표를 향해 협력하고 성장하는 곳이라는 새로운 관점을 갖게 된다. 이러한 새로운 관점에 따르면, 특히 사랑과 지식이라는 영적 능력의 발전, 즉 영혼의 성장은 죽음 이후에도 멈추지 않는다. 아마도 그곳에서는 영원히 지속될 것이지만, 적어도 우리가 물리적인 몸속에 있는 한 우리는 그 기간과 깊이를 그저 '희미하게' 엿볼 수밖에 없다.

죽음 이후에도
삶이 있으니

죽음을 경험한 사람들의 실제 사례와는 별개로, 그것이 사실임을 입증하는 증거를 찾을 수 있을지에 대한 의문이 자연스레 제기된다. 많은 사람이 신체 밖에 오랫동안 나와 있으면서 그사이에 물리적 세계에서 벌어지는 다양한 사건을 목격했다고 보고한다. 그렇다면 이러한 보고 가운데 그때 현장에 함께 있었거나 이후에 그 사건들을 확인해줄 수 있는 다른 목격자들의 증언으로 그들의 말이 진실임을 입증할 수 있을까?

놀랍게도 그 대답은 꽤 많은 사례를 통해 '그렇다'라고 답할 수 있다. 그들이 몸 밖에 있으면서 목격한 상황에 대한 묘사가 실제와 꽤 부합하는 경향이 있다. 예를 들면, 의사들 몇몇이 나에게 말하기를 의학적 지식이 전혀 없는 환자들이 소생 시도 중 사용된 방법을, 그것도 자신들은 해당 환자가 '사망'했다고 알고 있던 동안 일어난 일을 너무나 자세히, 그것도 정확하게 설명해서 무척 당혹스러웠다고 한다.

또한 몇몇 사례에서 자신이 신체 바깥에서 목격한 사건을 얘기해서 의사나 다른 사람들을 놀라게 하기도 했다. 일례로 캐시라는 소녀는 죽은 동안 몸 밖으로 나와 병원 구석에 있는 공간으로 갔더니 그곳에서 언니가 "캐시, 제발 죽지 마, 죽으면 안 돼"라고 말하며 우는 것을 발견했다. 나중에 캐시의 언니는 캐시가 깨어난 뒤 그동안 자신이 어디서 무슨 말을 하고 있었는지 동생이 정확히 말했을 때 크게 놀랐다. 다음에 나오는 두 사례도 이와 유사한 경우다.

○○

사태가 모두 진정된 후 의사는 제가 굉장히 힘들게 살아났다고 했어요. 저는 "네, 저도 알아요"라고 답했습니다. "환자분이 어떻게 아시나요?"라고 물으시길래 "저한테 무슨 일이 있었는지 다 말씀드릴 수 있어요"라고 했죠. 선생님이 제 말을 믿지 않으셔서 제가 호흡을 멈춘 시점부터 조금씩 의식을 회복하기 시작했을 때까지의 상황을 전부 이야기했어요. 의사는 제가 의식이 없을 때 일어났던 일들을 상세히 이야기하자 큰 충격에 휩싸이더라고요. 믿기지 않았는지 그 후에도 몇 번이고 다시 와서 그것에 관해 질문을 했어요.

○○

사고 후 깨어났을 때 아버지가 옆에 계셨고, 저는 제가 얼마나 다쳤는지, 몸 상태가 어떤지, 의사들은 뭐라고 했는지 따위는 전혀 궁금하지 않았어요. 제가 겪은 일에 관해 얘기하고 싶은 마음밖에 없었죠. 저는 아버지에게 누가 그 건물에서 제 몸을 꺼냈는지, 그 사람이 어떤 색 옷을 입고 있었는지까지 말했고, 사고 현장에서 어떤 대화가 오고 갔는지도 설명했습니다. 그러자 아버지는 "세상에, 맞아. 정말 그랬단다!"라며 무척 놀라셨어요. 당시 제 몸은 내내 의식이 없는 상태였기 때문에 제가 몸 밖에 있었던 게 아니라면 이런 내용을 보고 들을 방법이 전혀 없었어요.

마지막으로, 임사 체험자들의 이야기를 뒷받침하는 다른 사람들의 증언도 확보할 수 있었다. 그러나 이러한 외적 진술이 증거로서 가치가 있는지 판단하는 데에는 몇 가지 난점이 있다. 첫째, 일단 대부분 사례에서 근거가 되는 사건에 대한 증언은 죽음을 경험한 사람 본인이 아니면 기껏해야 가까운 친구나 지인에 의해서만 이루어질 뿐이다. 둘째, 사례 중 굉장히 극적이고 아무리 입증이 잘된 사례라도 실명은 공개하지 않겠다고 약속했다. 그리고 뒤에서 이유를 설명하겠지만, 실명을 공개한다고 해도 사건이 벌어진 뒤에 수집한 이야기들이 증거가 되기는 어렵다.

지금까지 죽음의 경험에서 일반적으로 보고되는 여러 단계와 다양한 사건들을 소개했다. 이 장을 마무리하면서 이제까지 살펴본 여러 요소가 복합적으로 나타나는 특별한 경험담 하나를 인용하고자 한다. 또한 이 사례에는 다른 사례에서는 볼 수 없었던 독특한 요소가 담겨 있다. 빛의 존재가 이 남성에게 죽음이 임박했음을 미리 알리고는 그 이후에 그가 다시 살 수 있도록 했다는 것이다.

지금도 그렇지만 그 일이 일어났을 때 저는 심한 기관지 천식과 폐기종을 앓고 있었습니다. 어느 날 발작적으로 기침을 하다가 척추 하부 디스크가 파열됐습니다. 두어 달 동안 극심한 통증으로 여러 의사를 찾아다녔고, 그중 한 분이 신경외과 의사인 와이엇 박사에게 저를 소개해줬어요. 와이엇 박사의 안내에 따라 저는 바로 입원해서 치료받기 시작했습니다.

와이엇 박사는 제가 심각한 호흡기 질환이 있었기 때문에 폐 전문의를 불렀고, 저는 3주간 그에게 치료를 받은 뒤 수술을 위해 콜먼 박사에게 인계되었습니다. 마침내 돌아오는 금요일로 수술 날짜가 잡혔습니다. 월요일 밤, 저는 잠자리에 들었고 편안하게 잠을 잤지만, 화요일 새벽에 심한 고통을 느끼며 깨어났습니다. 몸을 움직여 좀 더 편한 자세를 취하려 했던 바로 그때 방 한구석 천장 아래에서 어떤 빛이 나타났습니다. 둥근 형체처럼 보이는 빛 덩어리였는데 지름이 한 30~40센티미터 정도로 그렇게 크지는 않았고, 이 빛이 나타나자 어떤 감정이 밀려들었는데 무서운 느낌은 전혀 아니었습니다. 오히려 아주 평화롭고 평온한 느낌이었습니다. 그 빛에서 어떤 손이 나와 저를 향해 뻗는 게 보였고, 그 빛은 "저를 따라오세요. 보여주고 싶은 것이 있습니다"라고 말했습니다. 그래서 저는 아무런 망설임도 없이 바로 손을 뻗어 그 손을 잡았습니다. 그러자 끌어올려지는 느낌이 들면서 몸을 나가는 것이 느껴졌고, 방 천장을 향해 올라가다 뒤를 돌아보니 침대 위에 누워 있는 제 몸이 보였습니다.

몸을 나서자마자 저는 그 빛과 같은 형태가 되어버린 느낌이 들었습니다. 누구에게도 이런 비슷한 얘기를 들어본 적이 없어서 저만의 표현을 사용해야 할 것 같아요. 그 빛과 같은 형태는 분명 영혼이라는 느낌이 들었습니다. 몸을 가진 것이 아니라, 한 줌의 연기나 수증기였습니다. 불빛에 비치는 담배 연기 같다고 나 할까요? 그런데 제가 취한 형태는 색이 있었습니다. 주황색과 노란색 그리고 한 색깔은 모호했는데, 남색 계열의 푸르스름한 빛이 도는 색이라고 생각했습니다.

이 영혼은 신체처럼 어떤 형태가 있지는 않았습니다. 원형에 가까웠고, 손 같은 것이 있었죠. 그 빛이 저를 잡을 때 저도 손을 내밀었기 때문에 그것이 손이라고 생각했습니다. 그러나 제가 빛을 향해 올라갈 때 제 팔과 손은 침대 위 제 몸 양옆에 가만히 놓여 있는 것이 보였습니다. 제가 영혼의 손을 쓰지 않을 때는 영혼은 다시 원형의 모습이 되었습니다.

그렇게 저는 그 빛이 있는 곳까지 이끌려 올라갔고, 저와 그 빛은 천장과 병실 벽을 통과해 복도로, 복도를 통과해 바닥으로 한 층씩 내려가며 병원 아래층까지 이동했습니다. 문이나 벽을 뚫고 지나가는 데에는 아무런 어려움이 없었습니다. 가까이 다가가면 그냥 스르르 사라져버렸으니까요.

이때 이동하는 것 같은 느낌이 들었습니다. 움직이고 있다는 것은 알았지만, 속도는 느껴지지 않았어요. 그리고 순식간에, 정말 거의 눈 깜짝할 사이에 병원 회복실에 도착했다는 것을 깨달았습니다. 저는 병원 회복실이 어디에 있는지조차 몰랐는데 그곳에 도착해 있었고, 아까와 마찬가지로 다른 것들이 내려다보이는 방 한구석 천장 쪽에 있었습니다. 녹색 수술복을 입고 돌아다니는 의사들과 간호사들, 방 안에 놓인 침대들이 보였습니다.

그때 그 존재가 제게 말했습니다. "당신이 있게 될 곳이 저곳입니다. 저들이 당신을 수술대에서 내리면 저 침대로 옮길 테지만, 당신은 그곳에서 절대 깨어나지 못할 겁니다. 수술실로 들어간 뒤부터 얼마간 시간이 지나 제가 당신을 다시 데리러 올 때까지 아무것도 알 수 없을 겁니다"라고요. 그런데 이 이야기가 말로 전달된 것이라고는 할 수 없습니다. 귀에 들리는 목소리 같은 것이 아니었죠. 만약 그랬다면 방 안에 있는 다른 사람들도 그 목소리를 들었다고 생각했을 텐데 아무도 못 들었으니까요. 그보다는 제가 받은 인상에 가까웠습니다. 하지만 너무나 강렬해서 제가 듣지 못했다거나 느끼지 못했다고 할 수도 없었습니다. 제게는 명확했습니다.

그리고 이 영혼 형태에 있을 때는 무언가를 인식하는 일이 훨씬 쉬웠습니다. 저는 "나에게 보여주려고 하는 게 대체 뭐지?" 하는 식으로 궁금해하지 않았습니다. 그것이 무엇인지, 그가 어떤 생각인지 즉시 알 수 있었죠. 의심의 여지가 없었습니다. 복도에서 들어오자마자 오른쪽에 있는 저 침대가 제가 있을 곳이고, 그는 목적이 있어서 저를 이곳에 데려온 것이었습니다. 이내 그가 이유를 말해주었습니다. 그는 제 영혼이 몸을 떠날 때가 와도 제가 두려워하지 않길 바랐던 것 같아요. 그 지점을 넘어설 때 어떤 기분이 드는지 미리 알려주고 싶었다는 느낌이 들었습니다. 그때가 되면 자신이 나타나기 전에 제가 다른 일들을 먼저 겪겠지만, 일어나는 모든 일을 자신이 지켜볼 것이고, 결국에는 자신이 저를 맞이하러 올 것이라고 말하며 제가 두려워하지 않도록 저를 안심시키고 싶었던 것이죠.

그런데 제가 그 빛의 손을 잡고 회복실로 이동하며 저 역시 영혼의 형태가 되었을 때, 어떤 의미에서는 저희가 하나로 합쳐진 것 같았습니다. 물론 동시에 독립된 두 존재이기도 했죠. 하지만 저에 관한 한 그가 모든 상황을 주도하고 있었습니다. 그리고 저희가 벽과 천장 같은 것을 통과해 지나가고 있긴 했지만, 그와 별개로 저희가 나눈 영적 교감이 너무나 강해서 다른 곳에 신경 쓸 여유가 없었습니다. 다시 한번 말하지만, 어디에서도 찾을 수 없었던 평화로움과 고요함, 차분함 그 자체였습니다.

그 말을 한 뒤 그는 다시 저를 병실로 데려왔고, 돌아오니 떠났을 때와 변함없는 자세로 누워 있는 제 몸이 보였습니다. 그리고 그 즉시 저는 다시 몸 안에 들어와 있었습니다. 아마 몸 밖에서 5분이나 10분 정도 있었던 것 같은데, 이 경험에서 시간의 흐름은 전혀 중요하지 않았습니다. 사실 애초에 시간과 관련해 생각해본 적도 없었던 것 같습니다.

이 모든 일은 저에게는 정말 너무나 큰 충격이었습니다. 일상에서 겪는 어떠한 경험보다도 훨씬 생생하고 현실적이었죠. 그리고 다음 날 아침, 저는 이제 조금도 무섭지 않았습니다. 제가 죽을 거라는 건 알았지만, 어떠한 후회도, 두려움도 없었습니다. '죽음을 막으려면 어떻게 해야 하지?' 같은 생각은 전혀 들지 않았습니다. 전 준비가 되어 있었으니까요.

목요일 오후, 다음 날 아침 수술할 예정이었어요. 병실에 있던 저는 문득 걱정이 됐습니다. 저희 부부에게는 아이가 하나 있었는데, 입양한 조카였습니다. 당시 아이와 약간의 문제가 있었어요. 그래서 저는 걱정되는 마음을 담아 아내와 아이에게 각각 편지를 쓰고, 제가 수술이 끝날 때까지 눈에 띄지 않도록 숨겨놓을 생각이었죠. 아내에게 보내는 편지를 두 쪽 정도 쓰고 나니, 수문이 열린 것처럼 눈물이 쏟아져 흐느껴 울기 시작했습니다. 그때 어떤 존재가 있는 것이 느껴졌습니다. 처음에는 제가 너무 큰 소리로 울어서 간호사가 무슨 일인지 확인하러 왔다고 생각했습니다. 하지만 문이 열리는 소리는 들리지 않았죠. 그리고 저는 다시금 이 존재를 느꼈습니다. 이번에는 빛을 보지 못한 대신 이전과 마찬가지로 그의 생각 혹은 말이 제게 전해져 왔고, 그는 "왜 울고 있습니까? 저와 함께 가게 되어 기뻐하는 줄 알았는데요"라고 말했습니다. 저는 생각을 전했죠.

"네, 맞아요. 가고 싶어요."

그러자 "그러면 왜 울고 있습니까?"라고 되물었습니다. 저는 이렇게 답했습니다.

"아시다시피 아이와 문제가 있는데 아내가 아이를 어떻게 키울지 막막해할까 봐 걱정됩니다. 제가 느끼는 대로 아내가 아이에게 해주길 바라는 내용을 편지로 쓰고 있었어요. 하지만 그럴 때 제가 곁에 있었으면 아이의 마음을 어느 정도 더 잘 가라앉힐 수 있을지도 모른다는 생각이 드니 걱정이 앞서네요."

그러자 이 존재로부터 생각이 전해져왔습니다.

"당신이 자신이 아닌 다른 이를 위해 걱정하고 배려

하고 있으니 당신이 원하는 바를 들어주겠습니다. 아이가 어른이 되는 것을 볼 때까지 살게 될 겁니다."

그와 동시에 그는 사라졌습니다. 저는 울음을 멈추고, 아내가 보지 못하도록 편지를 찢어버렸습니다.

그날 저녁, 콜먼 박사가 와서 마취에 위험이 따를 것 같다며, 수술이 끝나고 깨어났을 때 주위에 수많은 전선이나 튜브, 기계들이 보여도 놀라지 말라고 당부했습니다. 저는 아무런 이야기도 하지 않고 그저 고개를 끄덕이며 그렇게 하겠다고 했습니다.

다음 날, 수술은 오랜 시간이 걸렸지만 잘 끝났습니다. 의식을 회복하고 있을 때 콜먼 박사가 옆에 있는 걸 보고 "저는 제가 어디에 있는지 정확히 압니다"라고 했습니다. 그가 "어느 침대에 계시는 것 같으세요?"라고 물었고, 저는 "복도에서 들어오자마자 오른쪽 첫 번째 침대에 있습니다"라고 답했습니다. 그는 그냥 웃고 말았습니다. 당연히 제가 마취에서 덜 깨서 하는 말이라 생각했겠지요. 저는 어떤 일이 있었는지 말해주고 싶었지만, 바로 그때 와이엇 박사가 들어와 물었습니다.

"환자분이 깨어났네요. 이제 어떻게 진행하실 생각이세요?"

그러자 콜먼 박사는 "제가 할 일은 없습니다. 이렇게 놀라운 일은 처음입니다. 모든 장비를 다 대기시켜놨는데 환자에게 필요한 게 아무것도 없다니!"라고 했습니다. 와이엇 박사는 "기적이 일어나지 말라는 법은 없지요"라고 말했습니다. 그렇게 침대에서 몸을 일으켜 방 안을 돌아볼 수 있게 됐을 때, 며칠 전 그 빛이 보여준 그 침대에 제가 누워 있다는 것을 알 수 있었습니다.

이 모든 것이 3년 전에 일어난 일이지만, 여전히 어제 일처럼 생생합니다. 그 일은 제가 평생 경험한 일 중에서 가장 환상적인 일이었고, 제 삶에 가장 큰 변화를 가져왔습니다. 하지만 그에 관해 사람들에게 이야기하지는 않습니다. 아내와 형, 목사님 그리고 지금 박사님께만 말씀드렸죠. 뭐라고 표현해야 할지 모르겠는데 설명하기가 너무 어렵습니다. 이 얘기로 누군가의 인생에 영향을 주려는 생각도 없고, 자랑하려는 것도 아닙니다. 그저 그 일이 있고부터 저는 더 이상 의심하지 않는다는 것을 말하고 싶을 뿐입니다. 죽음 이후에도 삶이 있다는 것을요.

죽음
이후의

삶에 대한
기록들

4

나는
세상의 빛이니

죽음의 경험에서 거치는 여러 단계의 사건들은 분명 이례적인 일이다. 그렇기에 수년간 임사 체험자들의 이야기와 놀랄 만큼 유사한 기록을 접할 때마다 놀람의 연속이었다. 이러한 기록들은 아주 오래전 극히 소수에게만 비밀스럽게 전해진 매우 다양한 문명과 문화권, 시대의 문헌들에서 찾을 수 있었다.

인간의 영적 측면과 죽음 이후의 삶에 대한 문제를 다루는 문헌 중 가장 널리 읽히고 회자되는 것은 《성경》이다. 그러나 《성경》은 죽음 이후에 발생하는 사건들이나 사후 세계의 정확한 본질에 관해서는 상대적으로 거의 언급하지 않는다. 특히 일부 성경학자들에 따르면, 《구약성서》 전체에서 단 두 구절만이 죽음 이후의 삶을 명확하게 이야기하고 있다.

> 주의 죽은 자들은 살아나고 우리의 시체는 일어나리이다. 티끌에 누운 자들아 너희는 깨어 노래하라…

땅이 죽은 자들을 다시 내놓으리로다.

-〈이사야서〉 26장 19절

땅의 티끌 가운데에서 자는 자 중에서 많은 사람이
깨어나 영생을 받는 자도 있겠고 수치를 당하여서 영
원히 부끄러움을 당할 자도 있을 것이며….

-〈다니엘서〉 12장 2절

　이 두 구절 모두 물리적 신체의 부활이 일어날 것이라
는 강한 암시가 있으며, 여기서도 마찬가지로 물리적 죽
음 상태를 잠에 비유하고 있다는 점을 알 수 있다.

　앞 장에서 살펴보았듯이 몇몇 참여자들은 자신에게 일
어난 일을 설명할 때《성경》속 표현을 인용하기도 했다.
예를 들어, 한 남성이 죽음의 순간에 통과한 어두운 공간
을 성경에 나오는 "죽음의 음침한 골짜기"라고 했던 것
이 기억날 것이다. 또 다른 사람은 "나는 세상의 빛이니"
라는 예수의 말을 언급하기도 했다. 이들은 적어도 어느
정도는 이 구절을 바탕으로 자신이 만난 빛이 그리스도
라고 믿은 것이 틀림없다. 그중 한 명은 내게 이렇게 말했
다. "그 빛 속에서 누군가를 본 것은 아니지만, 제게 그 빛
은 그리스도였습니다. 의식, 모든 것과의 합일, 완전한 사
랑… 예수 그리스도가 자신이 세상의 빛이라고 하신 그

말씀 그대로의 의미였다고 생각해요."

개인적으로 자료를 살피던 중 연구 참여자 중 아무도 언급하지 않았지만, 얼핏 유사해 보이는 기록을 우연히 발견했다. 가장 흥미로운 것은 사도 바울의 글이었다. 그는 다마스쿠스로 향하던 길에 그 유명한 환시(幻視)를 경험한 후 개종하기 전까지 기독교도들을 박해하던 이였다. 그는 이렇게 말한다.

"왕이여, 길을 가다가 정오에 하늘로부터 해보다 더 밝은 빛이 저와 제 동행들을 둘러 비추는 것을 보았습니다. 저희가 모두 땅에 엎드러지매 히브리 말로 '사울아, 사울아, 네가 어찌하여 나를 핍박하느냐? 가시 돋친 채찍을 발길로 차면 너만 아플 뿐이다' 하고 말하는 소리를 들었습니다. 그래서 제가 '주님 누구시니이까?' 하고 물었더니, 주께서 이르시되 '나는 네가 박해하는 핍박하는 예수라. 일어나 너의 발로 서라. 내가 네게 나타난 것은 곧 너를 일꾼으로 삼아 네가 나를 본 일과 내가 장차 네게 보여줄 일을 밝힐 증인으로 삼으려 함이니….'"

"아그립바 왕이여, 그러므로 저는 하늘에서 보이신 것을 거스르지 아니하고…." 바울이 이같이 변명하매

베스도가 크게 소리 내어 "바울아, 네가 미쳤도다. 네
많은 학문이 너를 미치게 하였구나" 하고 말하였다.
그때 바울이 대답하였다. "베스도 각하, 저는 미치지
않았습니다. 저는 참되고 온전한 말을 하나이다."

-〈사도행전〉 26장 13-25절

이 에피소드는 확실히 임사 체험에서 빛의 존재와 만
나는 단계와 약간의 유사성을 보인다. 이 존재도 물리적
실체가 보이는 것은 아니지만 인격을 부여받았으며, 질문
을 던지고 지시를 내리는 '목소리'가 흘러나온다. 바울이
다른 사람들에게 이야기하려고 하면 비웃음을 사고 미쳤
다는 소리를 듣는다. 그럼에도 이 환상은 그의 인생을 바
꾸어 놓았다. 바울은 그 뒤 타인에 대한 사랑을 행하는 삶
의 방식으로서 기독교를 주창하는 인물이 되었다.

물론 다른 점도 있다. 바울은 환상을 보는 과정에서 죽
음에 다가가지 않았다. 또한 흥미롭게도 바울은 그 빛 때
문에 시력을 잃고 이후 3일 동안 앞을 보지 못했다고 한
다. 이는 빛의 존재가 말로 다 할 수 없을 만큼 눈부셨지
만, 결코 눈을 멀게 하거나 주변 사물을 보지 못하도록 만
드는 일은 없었다는 임사 체험자들의 보고와 상반된다.

사후 세계에 대한 논의에서 바울은 죽은 이들이 어떤
신체를 갖게 되는지 물으며 기독교의 사후관을 의심하는

이들도 있다고 말한다.

그러나 누군가는 "죽은 자들이 어떻게 다시 살아나며 어떠한 몸으로 옵니까?" 하고 물으리니. 어리석은 자여, … 그대가 뿌리는 것은 장차 생겨날 몸 그 자체를 뿌리는 것이 아니요. 다만 씨앗을 뿌리는 것이로되… 그러나 하나님께서는 뜻하신 대로 그 씨앗에 몸을 주시되 하나하나의 씨앗에 각기 고유한 몸을 주시느니라… 하늘에 속한 몸도 있고 땅에 속한 몸도 있으나 하늘에 속한 것의 영광이 따로 있고 땅에 속한 것의 영광이 따로 있으니… 죽은 자의 부활도 그와 같으니 썩을 것으로 심고 썩지 아니할 것으로 다시 살아나며, 욕된 것으로 심고 영광스러운 것으로 다시 살아나며, 약한 것으로 심고 강한 것으로 다시 살아나며, 자연의 몸으로 심고 신령한 몸으로 다시 살아나나니 자연의 몸이 있은즉 영의 몸도 있느니라… 보라, 내가 너희에게 비밀을 말하노니, 우리가 다 잠들 것이 아니라 마지막 나팔이 울릴 때 순식간에 홀연히 다 변화되리라. 나팔 소리가 나면 죽은 사람은 썩지 아니할 몸으로 살아나리라.

-〈고린도전서〉 15장 35-52절

재미있는 사실은, 바울이 '영적인 몸'에 대해 간략히 설명한 내용이 유체 이탈을 경험한 사람들의 이야기와 매우 일치한다는 것이다. 어느 사례에서나 영적 신체의 비물질성, 즉 물질적 실체가 없다는 점과 이 신체에 물리적 제약이 없다는 점을 강조한다. 예를 들어 바울은 물리적 신체가 약하고 추한 데 반해, 영적 신체는 강하고 아름답다고 말한다. 이는 임사 체험 경험담 가운데 물리적 신체가 크게 훼손되었을 때도 영적 신체는 온전하고 완전해 보였다는 이야기나 영적 신체에 특별히 나이가 없는 것 같다는, 다시 말해 시간의 제약을 받지 않는 것 같다는 이야기를 떠올리게 한다.

죽음이란
깨어나는 것이고, 기억하는 것이다

역사상 위대한 사상가 중 한 명인 그리스의 철학자 플라톤은 기원전 428년경에서 348년경까지 아테네에서 살았다. 그는 주로 스승인 소크라테스를 주요 화자로 하여 철학적 주제를 논하는 약 22편에 달하는 희곡과 대화편 그리고 편지 몇 편의 형식으로 자신의 사상을 남겼다.

플라톤은 이성과 논리, 논쟁을 통해 진리와 지혜를 획득할 수 있다고 굳게 믿으면서도 여기에는 한계가 있다고 했다. 이는 그가 궁극적으로 진리는 거의 신비에 가까운 통찰과 깨달음의 경험을 통해서만 얻을 수 있다고 말한 뛰어난 선지자였기 때문이다. 그는 우리가 느낄 수 있는 물리적 세상과 다른 차원의 현실이 있다고 믿었으며, 물리적 영역은 이러한 '더 높은' 수준의 현실을 통해서만 이해될 수 있다고 생각했다. 따라서 플라톤은 주로 인간의 비물질적, 의식적 구성요소인 영혼에 관심을 가졌으며, 물리적 신체는 일시적으로 영혼을 담아두는 그릇일 뿐이라고 여겼다. 그렇게 보면 그가 물리적 죽음 이후 영혼이 어떻게 되는지에 흥미가 있었고, 여러 대화편, 특히 《파이돈》,《고르기아스》,《국가론》 일부에서 그 주제를 다루었다는 사실은 그리 놀랍지 않다.

플라톤의 저서에는 죽음에 대한 묘사가 가득한데, 이러한 묘사는 우리가 앞 장에서 살펴본 내용과 거의 유사하다. 예컨대 플라톤은 죽음을 인간의 비물질적 부분인 영혼이 물질적 부분인 육체에서 분리되는 것이라 정의한다. 더욱이 인간의 비물질적 부분은 물질적 부분보다 제약을 훨씬 덜 받는다. 그래서 플라톤은 물리적·감각적 세상을 넘어선 영역에서는 시간이라는 요소가 없다고 콕 집어 이야기한다. 이 다른 영역은 영원하며, 플라톤의 인상적인 표현에 따르면, 우리가 시간이라 부르는 것은 "영원의 모상(模像)"에 불과하다.

플라톤은 여러 글을 통해 신체에서 분리된 영혼이 어떻게 세상을 떠난 다른 사람들의 영혼과 만나 대화를 나누고 수호 영혼의 도움으로 물리적 삶에서 다음 영역으로 넘어가는지 논한다. 또한 죽음의 순간, 이들이 사후에 있게 될 '건너편 해안'으로 데려다 줄 배를 어떻게 발견하게 되는지도 언급한다.《파이돈》의 극적인 설정과 더불어 논증의 요지와 사용된 단어들을 보면 몸은 영혼의 감옥이며, 따라서 죽음은 그 감옥에서 탈출 또는 해방되는 것과 같다는 점을 강조하고 있다.

1장에서 살펴본 것처럼 플라톤은 (소크라테스의 입을 통해) 죽음이 잠드는 것이나 잊어버리는 것과 같다는 오래된 관점을 견지하지만, 이는 결국 그것을 부정하고 180도 뒤집기 위해서였다. 플라톤에 따르면, 영혼은 더 높고 신성한 존재의 영역에서 물리적 신체 안으로 들어온다. 영혼은 몸으로 태어나면서 이전에 몸 밖에 있을 때 알고 있던 진리를 잊고 완전한 지성의 상태에서 훨씬 덜 의식적인 상태로 바뀌기 때문에 오히려 그에게 있어 '잠'과 '망각'은 '탄생'이다. 함축적으로 보면, 죽음이란 '깨어나는 것'이고 '기억하는 것'이다. 플라톤은 죽음으로 인해 몸에서 분리된 영혼은 이전보다 더욱 명확하게 생각하고 추론할 수 있으며, 더 손쉽게 사물의 본질을 인식할 수 있다고 말한다. 게다가 죽음 직후에는 신성한 존재가 그 영혼 앞에 좋은 것이든 나쁜 것이든 살아가면서 했던 모든 일들을 보여주고 직면하게 하는 '심판'을 마주하게 된다.

연구 사례의 내용과 가장 두드러진 공통점이 발견되는 것은 아마도 《국가론》 10권이다. 여기서 플라톤은 그리스 병사 에르의 신화를 이야기한다. 에르는 수많은 그리스 병사가 사망한 전투에 참여했고, 동료들이 전사자들의 시신을 수습하러 갔을 때 그의 시신도 있었다. 에르의 몸은 다른 이들과 함께 화장하기 위해 장작더미 위에 눕혀

졌다. 그런데 어느 정도 시간이 지나자 그의 몸은 다시 살아났고, 에르는 저 너머의 영역으로 떠났던 여정에서 무엇을 보았는지 설명했다. 에르가 말하길, 먼저 영혼이 몸 밖으로 나갔고, 다른 영혼들을 만난 뒤 모두 함께 이승에서 저승의 영역으로 넘어가는 '틈', '통로'가 있는 곳으로 갔다. 이곳에서 다른 영혼들은 그들이 그동안 살면서 행한 모든 것들이 화면처럼 펼쳐지는 가운데 신적 존재들에 의해 심판을 받았다. 그러나 에르는 심판받지 않았다. 대신 그 존재들은 그에게 되돌아가서 물리적 세상의 사람들에게 다른 세상이 어떠했는지 알려야 한다고 말했다. 에르는 여러 가지 광경을 목격한 후 돌려보내졌지만, 물리적 몸으로 어떻게 돌아왔는지는 모르겠다고 했다. 그냥 정신을 차려보니 화장용 장작더미 위에 누워 있는 자신을 발견했을 뿐이었다.

한편 죽음 이후 영혼이 들어가는 세계에 대해 플라톤이 묘사한 내용은 기껏해야 가능성에 불과하다고 언급했음을 유념해야 한다. 그는 육체적 죽음 이후에도 삶이 이어진다는 것을 의심하지 않았지만, 우리가 물리적 삶을 살고 있으면서 사후 세계를 설명하려 할 때 두 가지 큰 문제가 있다고 주장한다. 첫 번째로, 우리의 영혼은 물리적 신체 안에 갇혀 있으므로 경험과 배움에서 물리적 감각의 제한을 받는다. 시각과 청각, 촉각, 미각 그리고 후각은 각기 다른 방식으로 우리를 속일 수 있다. 이를테면 사물이 멀리 떨어져 있을 때 우리의 눈은 거대한 사물을 실제보다 작게 보이게 하며, 누군가 하는 말을 잘못 알아듣기도 하는 식이다. 이 모든 것은 우리가 사물의 본질에 대해 잘못된 생각이나 인상을 품게 할 수 있다. 결론적으로, 우리의 영혼은 오감이 초래하는 혼란과 부정확성에서 해방될 때까지, 즉 물리적 감각에서 해방될 때까지 실재 자체를 볼 수 없다.

두 번째로, 플라톤은 인간의 언어가 궁극적인 실재를 직접적으로 표현하기에 부족하다고 말한다. 말은 사물에 내재한 본질을 드러내기보다 감춘다. 따라서 어떠한 인간의 말도 물리적 영역을 넘어서는 대상의 진정한 본질을 비유나 신화와 같은 간접적인 방법을 통해 내비치는 것 이상은 할 수 없다.

죽어가는 이에게
읽어주던 책

《티베트 사자의 서》는 티베트에서 아득한 옛날부터 여러 세기에 걸쳐 현인들의 가르침을 모아 입에서 입으로 전해 내려온 것이다. 그러다가 마침내 8세기경에 책자로 기록되었으나 그조차도 외부인에게 비밀로 하기 위해 숨겨져 있었다.

우선 이것을 쓴 현인들은 죽음을 사실상 그에 대한 지식이 있는지 없는지에 따라 고상하게 이루어질 수도 있고, 부적절한 방식으로 수행될 수도 있는 하나의 기술이라고 보았다. 그래서 장례식 절차의 일부로, 생명이 꺼져가는 순간 죽어가는 이에게 이 책을 읽어주었다. 따라서 이 책은 두 가지 기능을 수행해왔다. 첫째, 죽음에 직면한 사람이 새롭고 경이로운 현상을 경험할 때 각 현상의 본질을 제대로 이해할 수 있도록 돕는 것이었다. 그리고 둘째, 아직 살아 있는 사람들이 긍정적으로 사고하고, 죽어가는 이가 모든 육체적 고민에서 벗어나 올바른 마음 상태로 사후 세계 차원에 들어설 수 있도록 그를 사랑과 걱정으로 붙잡아두지 않게 도와주는 것이었다.

이러한 목적을 달성하기 위해 이 책은 물리적 죽음 이후 영혼이 거치는 여러 단계를 아주 길게 설명하고 있다. 그런데 이 책에 나타난 죽음의 초기 단계는 임사 체험자들이 설명하는 단계와 놀라울 정도로 일치한다.

티베트에서 전해오는 이야기에 따르면, 죽음 이후 가장 먼저 정신이나 영혼이 몸에서 빠져나온다. 그 후 어느 시점에 영혼은 '혼수상태'에 돌입하고, 어느새 자신이 허공에 있다는 것을 발견한다. 이 허공은 물리적인 공간은 아니지만 실질적으로 자체의 한계가 있으며 그의 의식은 여전히 존재하는 공간이다. 그는 으르렁대는 소리, 천둥 소리, 바람이 불 듯 획 하는 소리 같은 불안하고 시끄러운 소리 같은 소음을 들을 수 있고, 보통 자신과 주변이 모두 잿빛 안개 같은 희미한 빛에 둘러싸여 있다는 것을 알게 된다.

그는 물리적 신체 바깥에 나와 있다는 사실에 깜짝 놀란다. 가족과 친구들이 그의 시신 앞에서 슬퍼하며 장례식을 준비하는 것을 보고 듣지만, 그들에게 대답하려 해도 아무도 그를 보거나 그의 목소리를 듣지 못한다. 아직은 자신이 죽었다는 사실을 알지 못해 혼란스럽다. 그는 자신이 죽은 것인지 스스로 묻다가 마침내 깨닫고는 어디로 가야 하며, 어떻게 해야 할지 고민한다. 깊은 회한이 밀려오고, 자신의 상태에 대해 낙담한다. 그리고 한동안 물리적 삶을 살 때 익숙했던 장소 근처에 머무른다.

그는 여전히 자신이 어떤 '빛나는' 몸 안에 있다는 것을 알게 되지만, 이 몸은 물질로 구성된 것 같지 않다. 그래서 그는 아무런 방해도 받지 않고 바위, 벽, 심지어 산도 그대로 통과할 수 있다. 이동은 거의 순간적으로 이루어진다. 그가 가고 싶은 곳이라면 어디든 순식간에 도착한다. 생각과 인식은 제한을 덜 받으며 정신이 매우 또렷해지고, 감각은 더욱 예리하고 완전해져 신의 경지에 가까워진 것처럼 느껴진다. 물리적 삶을 살 때 눈이 보이지 않거나 귀가 들리지 않았던 사람이라면, 그의 '빛나는' 몸은 모든 감각과 물리적 신체의 능력이 복원되고 강화되어 더욱 놀라게 된다. 그는 자신과 같은 종류의 몸에 들어 있는 다른 존재들과 마주칠 수 있고, 맑고 순수한 빛이라 불리는 것을 만날 수 있다. 티베트인들은 이 빛에 다가가며 죽어가는 이들에게 타인을 향해 사랑과 자비만을 품도록 노력하라고 조언한다.

이 책은 또한 죽어가는 사람이 경험하는 엄청난 평화로움과 만족감 그리고 그와 그를 심판하는 존재들에게 그가 전 생애 동안 행한 모든 행동을 선명하게 보여주는 '거울'에 대해서도 묘사한다. 이때 허위 진술이란 있을 수 없으며, 다시 말해 삶에 대해 거짓을 고하는 것은 불가능하다.

요컨대《티베트 사자의 서》에는 나의 연구 참여자들이
도달하지 못한 죽음의 후기 단계들까지 서술되어 있지만,
그럼에도 이 고대 기록에서 전하는 이야기와 현재 나의
연구에서 수집된 사례들 사이에 놀라운 유사성이 있다는
점은 명백하다.

죽음은 그저
옮겨가는 것뿐

1688년에 스웨덴 스톡홀름에서 태어난 스베덴보리는 당시 상당히 명성이 높았던 인물로, 자연 과학의 여러 분야에 많은 기여를 했다. 해부학·생리학·심리학에 관한 그의 초기 저작들은 학계에서 인정을 받았다. 그러나 말년에 신비 체험을 겪고부터 그는 저 너머의 영적 존재들과 소통했다는 경험을 이야기하기 시작했다.

그의 후기 저작들은 죽음 이후의 삶이 어떤 것인지에 대한 생생한 묘사로 가득하다. 이번에도 마찬가지로 스베덴보리가 영적 체험을 서술한 내용과 죽음의 위기에서 아슬아슬하게 돌아온 사람들의 이야기가 보이는 연관성은 굉장하다. 예를 들어 그는 호흡과 순환의 신체 기능이 멈출 때 벌어지는 일을 이렇게 설명한다.

그럼에도 인간은 죽지 않으며, 단지 이 세상에서 사용했던 육체적 부분에서 분리되는 것뿐이다. 인간이 죽는다는 것은 어느 한 세상에서 다른 세상으로 옮겨가는 것뿐이다.●

그는 자신이 죽음의 초기 단계를 경험했고, 유체 이탈을 겪었다고 주장한다.

> 나는 신체 감각이 무감각해지는 상태, 즉 거의 죽음에 이른 상태가 되었으나, 내적인 생명과 사고는 완전히 남아 있어 그때 일어난 일들, 죽음에서 되살아난 사람들에게 일어나는 일들을 인지하고 기억에 담아둘 수 있었다. 특히 이를 통해 나의 정신, 나의 영혼을 몸에서 잡아 꺼내고 끌어당기는 일이 있었음을 인지할 수 있었다.

그는 이 경험 중에 그가 '천사'라고 생각한 존재들을 맞닥뜨린다. 그 존재들은 그에게 죽을 준비가 되었는지 묻는다.

> 그 천사들은 먼저 내 생각이 어떤지, 보통 죽음을 맞이한 사람들이 기대하는 것처럼 영생에 대해 생각하는지 묻고는 그 생각에 계속 집중하길 바란다고 했다. 그러나 스베덴보리와 영혼들 사이에 이루어진 의사소

○ 모든 스베덴보리 인용문은 《신학 총서 개요》에서 발췌함.

통은 이 세상 사람들의 소통과는 다른 것이다. 그보다는 생각이 직접 전달되는 것에 가깝다. 따라서 오해의 소지가 전혀 없다.

영혼들은 서로 보편적 언어로 대화를 하는 데 반해 인간은 죽은 뒤에야 이 보편적 언어 속으로 들어온다. … 이는 영혼에 적합한 방식이다. 천사나 영혼이 인간에게 건네는 말은 대화처럼 울려 퍼지지만, 그의 생각속으로 바로 흘러 들어가기 때문에 근처에 있는 다른사람들에게는 들리지 않고 오로지 그에게만 들린다.

죽은 지 얼마 되지 않은 사람은 여전히 자신의 물리적인 몸과 비슷한 '몸' 안에 있는 만큼 자신이 죽었다는 사실을 깨닫지 못한다.

죽음 직후 처음에는 죽기 전과 상태가 크게 다르지 않다. 살아 있을 때처럼 어떤 '몸' 안에 있기 때문이다. 따라서 그는 자신이 아직 이승에 있다고밖에 생각하지 못한다. 그러므로 그들이 몸 안에 깃들어 있다는 것과 살아 있을 때 갖고 있던 감각을 모두 지니고 있다는 사실에 놀라고 나면… 천국이 어떠한지, 지옥은 어떠한지 알고자 하는 욕구에 사로잡힌다.

그러나 영적 상태는 제약을 덜 받는다. 지각, 사고, 기억은 더 완전해지고, 시간과 공간은 물리적 삶에서처럼 장애가 되지 않는다.

영혼이 지닌 모든 능력은… 더 완벽한 상태에 있다. 그들의 감각과 사고, 지각도 마찬가지다.

죽어가는 사람은 살아 있을 때 알고 지냈던 다른 죽은 자들의 영혼과 만날 수도 있다. 그들은 그가 저편으로 넘어가는 동안 그를 돕기 위해 찾아온다.

최근에 세상을 떠난 사람의 영혼은… 그의 친구 또는 이승에서 알던 자들이 그를 알아본다. … 그런 이유로 친구들에게 영원한 삶에 관해 전해 듣게 된다.

지난 삶이 마치 영상처럼 그의 앞에 나타난다. 그는 삶에서 겪었던 모든 사소한 것까지 기억하며, 무언가를 속이거나 감출 수가 없다.

유아기부터 나이가 들었을 때까지 생각하고 말하고 행동한 모든 것들, 아주 작은 것까지 모두 내적 기억에 새겨져 있다. 사람은 다른 삶으로 넘어올 때 이 모든 기억을 지니고 있으며, 곧 이 기억들 모두를 되살린다. … 말하고 행동한 모든 것들이 천사들 앞에서 밝은 빛 속에 명명백백 드러나고… 죽은 뒤에는 이 세상의 그 어떤 것도 분명하게 드러나지 않는 것은 아무것도 없다. … 천국의 빛으로 영혼을 비춰보면 마치 잘 만든 모형을 뜯어보는 것과 같다.

또한 스베덴보리는 그가 직접 짧게나마 보고 온 사후세계에 충만한 '하느님의 빛'에 대해서도 묘사한다. 그 빛은 진실의 빛이고, 이해의 빛이다.

따라서 앞서 살펴본 《성경》이나 플라톤의 저작들, 《티베트 사자의 서》에서처럼 스베덴보리의 글에서도 현대 임사 체험에서 보고된 사건들과 놀랍도록 유사한 지점을 찾을 수 있다. 그러나 이러한 유사성이 정말로 그렇게 놀라운 일인지에 대한 의문도 자연스럽게 제기된다. 누군가는 이러한 여러 작품의 저자들이 서로 영향을 주고받았을지 모른다는 의견을 제시할 수 있다. 이러한 주장은 일부 사례에서 입증될 수도 있겠지만, 그 외에는 그렇지 않다. 플라톤은 동양 종교의 신비주의에서 일부 영감을 얻었다고 시인했기 때문에 《티베트 사자의 서》를 탄생시킨 것과 같은 전통에서 영향을 받았을 수 있다. 그리고 그리스 철학 사상은 결과적으로 몇몇 《신약성서》 저자들에 영향을 미쳤으므로 바울이 논의한 영적 신체에 대한 부분이 플라톤 철학에 일부 뿌리를 두고 있다고 주장할 수도 있을 것이다.

그러나 대부분의 경우 그러한 영향이 있었음을 입증하기는 쉽지 않다. 각 저자들은 인터뷰 사례에서도 반복해서 나타나는 흥미로운 요소들을 언급하기도 하지만, 이는 앞선 저자들에게서는 얻을 수 없는 것들이었다. 스베덴보리는 《성경》을 읽었고 플라톤 사상에도 정통했다. 그러나 그는 방금 죽은 사람은 한동안 자신이 죽었다는 것을 깨닫지 못할 수도 있다는 사실을 여러 차례 언급한다. 이 사실은 죽음에 아주 가까이 다가갔던 사람들의 이야기에 반복적으로 등장하지만, 《성경》이나 플라톤이 저술한 책에는 한 번도 나오지 않는다. 《티베트 사자의 서》에서는 이 사실이 강조되긴 하지만, 스베덴보리가 읽었을 리 없다. 이 책은 1927년까지 번역도 되지 않았기 때문이다.

그렇다면 내가 수집한 임사 체험 경험담들이 앞서 논의한 것과 같은 작품들에 영향받았을 가능성이 있을까? 나와 대화한 사람 모두 죽음을 경험하기 전 《성경》은 어느 정도 접한 적이 있었고, 플라톤의 철학을 조금은 알고 있었다. 그러나 어느 누구도 스베덴보리의 글이나 《티베트 사자의 서》와 같은 비밀스럽게 전해져 내려오는 내용에 대해서는 그 존재조차 알지 못했다. 그럼에도 연구 참여자들의 사례에서는《성경》이나 심지어 플라톤의 저서에서도 나타나지 않는 많은 세부 사항이 계속해서 불쑥불쑥 튀어나오며, 이러한 내용들은 접하기 어려운 자료에서 언급된 현상이나 사건들과 정확히 일치한다.

고대 사상가들의 글과 죽음을 경험하고 돌아온 현대인들의 사례 사이에 유사한 부분이 존재하고 서로 상응한다는 점은 무척 놀라우며, 지금까지도 이 부분은 명확하게 설명할 방법이 없다. 우리는 이런 물음을 던져볼 수 있을 것이다. 어떻게 티베트 현자들의 지혜, 바울의 신학과 환상, 플라톤의 통찰력과 신화, 스베덴보리의 영적 계시가 죽음에 가까이 가본 현대인들의 진술과 그토록 일치하는 것일까?

죽음에서
배우다

5

임사 체험에 대한 이론적 설명 1 :
초자연적 관점

이 장에서는 지금까지 살펴본 임사 체험에 대한 설명들, 즉 육체적 죽음 이후의 생존 외에 이론적으로 설명 가능한 세 가지 접근을 살펴보고자 한다.

임사 체험 현상은 실제로 순전히 철학적인 관점에서 보면 어떤 경험이나 관찰, 사실을 설명하기 위해 무한한 가설을 세울 수 있다. 말하자면, 설명하고 싶은 것에 대해 이론적으로 가능한 설명을 끝없이 만들어 낼 수 있는 것이다. 임사 체험도 마찬가지로 갖가지 가능한 설명을 제시할 수 있다.

이론적으로 제안될 수 있는 여러 설명 중 나의 강연에 참석했던 청중들 사이에서 꽤 자주 나왔던 것들이 몇 가지 있다. 지금부터 이 설명들을 임의로 초자연적, 자연과학적, 심리적 설명, 세 가지 유형으로 나누어 살펴보겠다.

우선 초자연적 접근으로 한번은 청중 가운데 한 명이 임사 체험은 분명 사악한 힘에 의해 일어났을 것이라며 악마와 관련된 설명을 제안한 적이 있다. 이러한 설명에 대해서는 이렇게밖에 답할 수 없다. 신이 의도한 경험과 사탄이 의도한 경험을 구별하는 가장 좋은 방법은 그 사람이 이후 어떤 말과 행동을 하는지 보는 것이다. 신은 사랑과 용서를 베풀게 하고 싶을 것이며, 사탄은 짐작건대 증오와 파괴의 길을 걸으라 말할 것이다. 내 연구에 참여했던 사람들은 분명 전자를 따르기로 하고 새롭게 다짐하며 이 세상에 돌아왔다. 이 가상의 악마가 불운한 희생자들을 속이기 위해(과연 어떤 목적을 위해?) 실행했을 그 모든 술책을 고려하면, 내가 아는 한 그가 비참할 정도로 실패한 것이 틀림없다.

임사 체험에 대한 이론적 설명 2 :
자연과학적 관점

1. 약리학적 설명

혹자는 사람이 생사의 갈림길에 섰을 때 투여하는 약물 치료제가 임사 체험을 일으킨다고 주장한다. 이 견해의 표면적 타당성은 몇 가지 사실에서 비롯된다. 이를테면 의학자를 포함해 일반인 대부분은 특정 약물이 망상과 환각 상태를 유발한다는 사실에 대체로 동의한다. 또한 우리는 현재 약물 남용 문제에 관심이 높은 시대에 살고 있으며, LSD나 마리화나 등과 같이 실제로 환각 발현을 일으키는 것으로 보이는 불법 약물 사용에 대중의 관심이 집중되고 있다.

마지막으로 의학적으로 인정된 약물들조차 사후 생존을 경험한 사람들이 겪은 여러 가지 정신적 효과와도 관련이 있다. 예를 들어 케타민(혹은 사이클로헥사논)이라는 약물은 정맥 주사로 투여되는 마취제로, 어떤 면에서는 임사 체험과 유사한 부작용을 일으킨다. 케타민은 약이 들어가면 환자가 통증뿐 아니라 주변 환경 전체에 대해 반응하지 않을 수 있어 '해리성' 마취제로 분류된다. 환자는 팔과 다리 등 자기 신체 부위를 비롯해 환경으로부터 '분리되는' 느낌을 받는다. 회복하고도 한동안은 환각이나 매우 생생한 꿈 같은 심리적 장애를 겪을 수 있다(유체 이탈 상태의 느낌을 표현하면서 바로 이 '분리'라는 단어를 사용한 사람들이 있다는 사실에 주목하라).

더욱이 나는 마취 상태에서 환각과 같은 경험을 하고, 이를 죽음의 환시로 표현한 사례를 수집하기도 했다. 한 가지 예시를 들어보겠다.

> 10대 초반에 치아를 때우러 치과에 가서 아산화질소로 마취를 받았어요. 혹시나 다시 깨어나지 못할까 봐 좀 두렵더라고요. 약 기운이 돌기 시작하면서 소용돌이에 휩쓸리는 느낌이 들었어요. 제가 빙빙 도는 게 아니라, 치과 의자가 나선형으로 올라가는 느낌이었고, 그렇게 계속해서 위로 올라가고 또 올라갔어요. 사방이 아주 밝고 하얗게 빛나고 있었고, 소용돌이 꼭대기까지 올라가자 천사들이 내려와 저를 맞이하며 천국으로 데려가려 했어요. 제가 '천사들'이라고 표현한 건 어렴풋하긴 해도 틀림없이 한 명 이상이었기 때문이에요. 정확히 몇 명이었는지는 모르겠지만요.

어느 시점에는 치과 의사와 간호사가 어떤 사람에 대해 이야기하고 있었고, 제게 그 대화가 들렸지만, 문장을 마칠 즈음엔 이미 시작 부분은 기억조차 나지 않았어요. 어쨌든 대화 중이라는 것은 알 수 있었고, 말할 때마다 소리가 웅웅 울렸어요. 산에서 멀리까지 메아리가 울려 퍼지는 것처럼요. 그때 저는 천국을 향해 저 높이 있는 느낌이라 그 말소리를 위쪽에서 듣고 있던 것 같았다는 건 기억나요.

죽는다는 생각에 무섭거나 겁에 질리지는 않았다는 것 빼고 기억나는 부분은 그게 다예요. 그 나이 때 저는 지옥에 가는 것을 두려워했는데 이 일이 일어났을 때는 의심의 여지 없이 제가 천국에 가고 있다고 확신했어요. 나중에 돌이켜보니 죽음에 이르렀는데도 아무런 걱정이 없었다는 데에 새삼 무척 놀랐지만, 마취된 상태에서는 근심거리가 하나도 없었다는 것을 깨달았어요. 완전히 속 편히 늘어져서는 그냥 다 좋았던 거죠.

위 이야기와 임사 체험 사례 사이에 몇몇 유사점이 눈에 띈다. 이 여성은 눈부신 하얀 빛이 보였고, 저편으로 그녀를 데려가려는 이들을 만났으며, 죽는 것에 대해 별 다른 우려를 느끼지 않았다고 설명한다. 또한 치과 의사와 간호사의 목소리를 위에서 듣는 느낌과 '떠 있는' 기분이 들었다는 것, 즉 그녀가 유체 이탈을 경험했다는 점을 가리키는 부분도 있다.

그러나 이 이야기에 나타나는 다른 세부 사항들은 임사 체험 사례와는 매우 다르다. 밝은 빛이 인격화되지 않았으며, 말로 표현할 수 없을 정도의 평화로움이나 행복감도 나타나지 않았다. 위의 사례에서 묘사한 사후 세계는 문자 그대로 평범했고, 그녀의 말마따나 종교 속 이미지에 부합했다. 그녀를 마중 나온 존재들은 '천사들'이고, 그녀가 향하는 방향인 '위쪽'에 위치한 '천국'으로 가고 있었다는 것이다. 그녀는 자기 몸을 보거나 다른 어떤 종류의 몸속에 들어 있지 않았다고 말하면서 자신이 직접 움직인 것이 아니라 치과 의자가 빙글빙글 회전했다고 한다. 또 그 경험이 모호했음을 거듭 강조하는 것으로 보아 사후 세계에 대한 그녀의 믿음에는 어떠한 영향도 없었던 것이 분명하다.

여기서 약물에 의해 일어난 경험과 실제 보고된 임사 체험을 비교하려면 몇 가지 알아두어야 할 점이 있다. 우선 첫째, 나에게 이러한 '약물'로 인한 경험을 들려준 몇몇 사람들은 '실제' 임사 체험을 진술한 사람들만큼 지적이고 정서적으로 안정되어 있다. 둘째, 이렇게 약물로 유도된 경험들은 극도로 모호하다. 셋째, 약물로 인한 이야기들은 서로 차이가 있을 뿐 아니라 임사 체험자들의 환시와도 현저히 다르다. 내가 연구에 참고할 약물 경험 사례를 고를 때 의도적으로 실제 임사 체험 사례들과 최대한 유사한 것을 택했다는 것을 고려할 때, 전반적으로 이 두 유형의 경험은 매우 차이가 크다고 할 수 있다.

그 밖에도 임사 체험 현상의 약리학적 설명에 반하는 다른 요인들이 많다. 가장 중대한 것은 경험이 발생하기 전 약물이 투여되지 않은 경우가 많았다는 점이며, 심지어 어떤 사례에서는 사후 경험이 일어난 이후에도 약물은 투여되지 않았다. 실제로 많은 사람이 자신의 경험은 분명 약물 투약 전에 일어났다고 강조했으며, 일부는 자신이 어떠한 의학적 조치를 받기 훨씬 전에 임사 체험을 겪었다고 명확하게 말하기도 했다. 그리고 임사 체험이 일어날 즈음에 약물이 투여된 경우라고 해도 이들에게 사용된 약물은 각각 다르며, 그 종류도 어마어마하게 많다. 그들은 아스피린과 같은 물질에서 항생제, 아드레날린 호르몬, 국소마취제와 흡입마취제에 이르기까지 다양한 약물을 투여받았다. 이러한 약물 대부분은 중추 신경계나 정신적 효과와는 아무 관계가 없다. 또한 약물을 전혀 사용하지 않은 사람들의 이야기와 다양한 종류의 약물을 복용하고 있던 사람들의 이야기가 다르지 않다는 점 역시 주목할 만하다. 마지막으로 몇 년간 간격을 두고 두 번 '사망'했던 어느 여성이 처음 사후 세계를 겪었을 때 경험이 미흡했던 이유는 자신이 마취 상태였기 때문이라고 말했다. 약물 투여가 전혀 없었던 두 번째 경험은 매우 구체적이었다고 한다.

대부분 알고 있듯이 현대 약리학에서는 향정신성 약물이 정신적 작용을 초래한다. 따라서 이러한 정신적 작용은 '비현실적'이고, '환각에 의한 것'이며, '망상적'인 일로 간주된다. 그러나 이러한 견해에 결코 모두가 동의하는 것은 아니며, 약물 사용과 그에 따른 경험 사이의 관계에 대한 다른 시각도 있다. 그것은 탐구를 위한, 이른바 '환각성' 약물의 사용이다. 인류는 수 세기 동안 다른 의식 상태에 이르거나 실재하는 다른 차원에 도달하기 위해 향정신성 화합물에 의존해왔다. 그러므로 약물 사용은 역사적으로 의학이나 질병의 치료뿐 아니라 종교와 깨달음과도 연관되어 있었다. 예컨대, 널리 알려진 것처럼 미국 서부 아메리카 인디언들에게 발견되는 페요테 컬트 의식에서는 종교적 환상과 깨달음을 얻기 위해 메스칼린 성분이 들어 있는 페요테 선인장을 복용한다. 세계 곳곳에 이와 유사한 종교의식이 있으며, 신도들은 그들이 사용하는 약물이 다른 차원의 현실로 넘어갈 수 있게 해준다고 믿는다. 이 관점이 타당하다고 가정하면, 약물 사용은 깨달음을 얻고 다른 존재 영역을 발견하도록 하는 여러 방법 중 하나라는 가설을 세울 수 있다. 그렇다면 죽음의 경험은 그러한 또 하나의 방법이 될 수 있으며, 이 모든 것은 앞서 언급한 것처럼 약물로 인해 유발된 경험과 임사 체험 경험 사이의 유사성을 설명하는 데 도움이 될 것이다.

2. 생리학적 설명

생리학은 생명체의 세포, 장기, 몸 전체의 기능과 이들 간의 상호 관계를 다루는 생물학의 한 분야이다. 임사 체험 현상에 대해 내가 자주 들은 생리학적 설명은 임상적 죽음을 겪는 동안이나 신체에 심한 압박이 가해지는 경우, 뇌로 가는 산소 공급이 차단되면서 죽어가는 뇌가 마지막까지 어떻게든 활동을 멈추지 않으려 애쓰면서 이러한 현상이 인지된다는 것이다.

이 가설의 가장 큰 문제점은 앞서 보고된 사후 경험에서도 쉽게 알 수 있듯이, 많은 임사 체험 경험이 이러한 주장에서 요구되는 어떠한 생리적 스트레스도 가해지기 전에 발생했다는 것이다. 실제로 사후 세계를 접하면서 신체적 부상이 전혀 없었던 사례도 있다. 한편 심한 부상이 있었던 사례에서 나타난 모든 요소는 부상이 없었던 다른 사례들에서도 찾아볼 수 있다.

3. 신경학적 설명

신경학은 신경계(뇌와 척수, 신경) 질환의 원인, 진단, 치료를 다루는 의학 전문 분야이다. 죽을 뻔한 사람들이 보고하는 현상과 비슷한 현상들이 특정 신경학적 상태에서도 나타난다. 그래서 어떤 이들은 죽어가는 사람의 신경계가 제대로 작동하지 않을 것이라는 추정에 기반해 임사 체험 경험을 신경학적으로 설명한다. 그렇다면 사후 경험에서 가장 눈에 띄는 사건 두 가지, 순간적인 인생 '회상'과 유체 이탈과 관련해 신경학적 관계를 살펴보자. 나는 신경학 병동에서 젊은 시절 있었던 일들이 회상 장면으로 보이는 특이한 형태의 발작 장애를 겪었다고 말하는 한 환자를 만났다.

> 이 일이 처음 일어났을 때, 저는 방 건너편에 있는 친구를 바라보고 있었습니다. 그런데 그 친구의 오른쪽 얼굴이 일그러져 보이더니 갑자기 과거에 일어난 장면들이 제 의식 속으로 밀려들어 왔어요. 실제처럼 생생하고, 선명한 색깔에 3차원으로 보였죠. 저는 메스꺼운 느낌이 들었고, 너무 놀라서 그 이미지들을

막으려 했습니다. 그때 이후로 이런 발작이 여러 차례 있었고, 저는 그 장면들이 자연스럽게 사라지도록 그냥 가만히 두는 법을 배웠습니다. 제가 생각할 수 있는 가장 비슷한 것은 연말에 한 해에 일어난 일들을 보여주는 TV 영상이에요. 어떤 장면 하나를 보면 그 일을 제대로 떠올리기도 전에 사라지죠. 발작이 일어나면 바로 그래요. 저는 무언가를 보고 '아, 저거 기억난다'라고 생각합니다. 하지만 마음속에 담아두려 하기도 전에 또 다른 장면이 튀어나와요.

그런데 그 장면들은 진짜로 있었던 일입니다. 아무것도 바뀐 게 없어요. 그러나 회상이 끝나고 나면, 어떤 이미지를 봤는지 기억해내기가 무척 어렵습니다. 어떤 때는 같은 것이 나오기도 하고, 어떤 때는 아닙니다. 장면이 나타나면 '오, 전에 본 것과 같은 거네'라고 기억하지만, 재생이 끝나면 그게 뭐였는지 떠올리는 것이 거의 불가능하죠. 딱히 제 인생에서 그렇게 중요한 사건들도 아닌 것 같아요. 사실, 하나도 중요한 것이 없었어요. 모두 사소한 일인 것 같아요. 그리고 순서도 없이 그냥 무작위로 나타납니다.

이미지들이 나타나도 주변 상황을 볼 수 있지만, 인지력은 떨어집니다. 평소처럼 예민하지 못하죠. 마치 정신의 절반은 이미지를 보고, 나머지 절반은 제가 하던 일을 처리하는 것 같다고 할까요? 발작이 일어났을 때 저를 본 사람들은 1분 정도밖에 안 됐다고 하지만, 제게는 정말 오래 지속된 것처럼 느껴져요.

뇌의 특정 부분에 자극이 가해지면서 발생한 것이 분명한 이러한 발작들과 내 연구에 참여한 임사 체험자들 일부가 보고한 파노라마 기억은 명백히 유사성을 보인다. 예를 들어, 이 남성의 발작은 놀랍도록 생생하고 3차원적인 시각적 이미지의 형태를 띠었다. 게다가 그 이미지들은 그의 의도와 전혀 상관없이 그냥 그의 앞에 나타났다. 그는 또한 이미지들이 아주 빠르게 보였다고 보고하며 발작이 오면서 시간 감각이 왜곡되었다는 점도 힘주어 말한다.

반면 주목할 만한 차이점들도 있다. 임사 체험 경험에서 보인 것과 달리, 그의 기억 이미지는 인생에서 벌어진 순서대로 나타나지 않았으며, 한눈에 모두 함께 보이지도 않았다. 그의 삶에서 가장 좋았던 순간이나 중요한 사건도 아니었고 오히려 굉장히 사소한 일들이라고 강조한다. 따라서 그를 심판하거나 교육할 목적으로 제시된 것도 아닌 듯했다. 또 사후 경험 연구 참여자 중 많은 이들이 '회상' 이후 이전보다 인생에서 일어난 일들을 훨씬 명확하고 자세히 기억할 수 있었다고 한 데 반해, 이 남성은 발작 이후 그때 본 이미지가 기억나지 않는다고 말한다.

유체 이탈 경험은 신경학에서 이른바 '자기 상시(자신을 보는) 환각'이라 부르는 증상과 유사하다. 이는 N. 루키아노비치 박사가 신경과학 및 정신의학 학술지에 기고한 논문의 주제이기도 한데, 이 기묘한 환각을 경험하는 주체는 자신의 시야 안에 자기 모습이 투영되어 보인다. 이 이상한 '복제물'은 당사자의 표정이나 신체 움직임을 흉내 낸다.

이 경험은 앞서 설명한 임사 체험의 유체 이탈 상태에서 보이는 것과 분명한 차이점이 있다. 자기 상시 환각에서 보이는 환영은 때로는 본인보다 더 활동적이고 의식적이라고 여겨질 만큼 항상 살아 있다고 인지되지만, 유체 이탈 경험에서 보는 몸은 생명이 없고 껍데기에 불과하다. 자기 상시 환각에 빠진 사람은 자기 복제물이 자신에게 말을 건네거나 지시를 내리고 조롱하는 것 등을 '들을' 수 있다. 한편, 유체 이탈 경험에서는 (일부가 가려지거나 어떠한 방식으로 숨겨져 있지 않은 한) 몸 전체가 보이나, 자기 상시 환각에서 복제물은 가슴이나 목 위로만 보이는 경우가 많다.

사실 자기 상시 환각의 복제물은 죽음에 이른 사람이

보는 물리적 신체보다는 내가 영적 신체라 부른 것과 더 많은 공통점을 보인다. 복제물들은 간혹 색깔을 띠기도 하지만, 대개 희미하고 투명하며 무색으로 묘사된다. 자기 상시 환각 중에서는 자기 모습이 문이나 여타 물리적 장애물을 아무런 문제 없이 통과하는 것을 볼 수 있다.

여기서 내가 들은 명확한 자기 상시 환각 사례를 제시하겠다. 이 이야기는 두 사람이 동시에 환각을 보았다는 점에서 무척 독특한 사례이다.

제가 결혼하기 약 2년 전이었어요. 어느 날 밤 11시쯤, 아내를 집에 데려다주던 길이었습니다. 저는 불빛이 어스레한 그녀의 집 앞에 차를 세웠고, 저희는 동시에 위를 보았는데 바로 위 30미터 정도 떨어진 큰 나무들 속에 저희의 거대한 상반신 둘이 나란히 앉아 있는 모습을 보고 깜짝 놀랐습니다. 그 형상들은 거의 실루엣처럼 보일 만큼 짙은 색이었고, 그 뒤에 무엇이 있는지는 전혀 보이지 않았지만, 그 형상은 어쨌든 저희와 꽤 비슷한 복제품이었습니다. 저희 둘 다 그것이 저희 모습이라는 것을 한눈에 알아볼 수 있었으니까요. 그것들은 움직였지만, 저희는 그것들을 보느라 가만히 앉아 있었기 때문에 저희 움직임을 따라 하는 것은 아니었습니다. 그것들은 예를 들면 제 형상이 책을 집어 들어 무언가를 제 아내의 형상에게 보여주면 그녀가 몸을 숙여 책을 더 자세히 보는 등의 행동을 했습니다.

거기 앉아 있으면서 저는 아내에게 그 형상들이 무엇을 하고 있는지 제가 보는 장면을 설명했고, 제가 말한 것은 그녀가 본 그 형상들의 모습과 정확히 일치했습니다. 그러고는 반대로 아내가 자신이 보기에 그들이 무엇을 하고 있는지 제게 말해주었고, 마찬가지로 제가 보는 모습과 정확히 같았습니다.

저희는 거기에 30분 정도 앉아서 그것을 바라보며 무엇이 보이는지 이야기를 나누었습니다. 밤새 그렇게 계속 얘기할 수도 있었을 것 같았죠. 하지만 아내가 들어가야 했기 때문에 저희는 결국 그녀의 집으로 향하는 언덕을 오르는 계단을 함께 걸어 올라갔습니다. 다시 내려왔을 때, 저는 그 형상들을 다시 보았고 제가 차에 타서 떠날 때까지도 그것들은 여전히 그곳에 있었습니다.

그때 저희는 술을 마시지 않았습니다. 그리고 늦은 시간이긴 했지만, 그리 피곤하지 않았기 때문에 졸았다거나 꿈을 꾼 것도 아니었습니다. 저희는 그 형상들을 보면서 함께 대화를 나누는 동안 정신이 명료하게 깨어 있었고, 둘 다 매우 들떴고 놀라워하고 있었죠.

물론 자기 상시 환각이 어떤 면에서는 임사 체험에서 나타나는 유체 이탈 현상과 유사하긴 하다. 그러나 그 둘의 차이점을 완전히 무시하고 비슷한 부분에만 초점을 맞춘다고 하더라도, 자기 상시 환각의 존재가 유체 이탈이 왜 혹은 어떻게 일어나는지를 설명할 수 없을 것이다. 그 이유는 자기 상시 환각도 설명할 수 없기 때문이다. 여러 신경학자와 정신과 의사들이 서로 다른 설명을 제시했지만, 여전히 논의의 대상이며 어느 이론도 널리 받아들여지지 못했다. 따라서 모든 유체 이탈 경험이 자기 상시 환각이라고 설명하려 하는 것은 풀리지 않는 수수께끼를 또 다른 수수께끼로 대체하는 것일 뿐이다.

마지막으로 임사 체험 경험에 대한 신경학적 설명을 논의하는 데 있어 알아두어야 할 점이 한 가지 더 있다. 한 사례에서 나는 사후 경험으로 인해 신경학적 손상이 남았다는 연구 참여자를 발견했다. 그는 몸 한쪽 작은 근육군이 부분적으로 마비되는 아주 가벼운 결손이 있었다. 나는 참여자들에게 임사 체험 경험으로 어떤 후유증이나 손상이 남지 않았는지 종종 물었지만, 이것이 내가 찾을 수 있었던 신경학적 손상의 유일한 사례였다.

임사 체험에 대한 이론적 설명 3 :
심리학적 관점

앞서 임사 체험자들이 의식적으로 거짓말을 했거나 무의식적으로 과장했을지 모른다는 심리학적 가정 두 가지를 언급했다. 여기에서 나는 그 외에 또 다른 두 가지 설명을 덧붙이고자 한다.

1. 고립 연구

수년간 연구와 관련해 진행한 모든 공개 강연에서 그 누구도 임사 체험을 고립 연구의 결과로 설명한 적이 없었다. 그러나 비교적 최근 행동 과학 분야에서 죽음을 경험하면서 겪는 단계와 가장 유사한 현상이 실험실 조건하에 연구되었다.

고립 연구는 인간이 어떤 방식으로든 고립되었을 때 정신과 신체에 무슨 일이 일어나는지 연구하는 것이다. 이를테면 다른 사람들과의 사회적 접촉을 전부 제거하거나, 장기간 단조롭고 반복적인 작업을 수행하는 경우 등이다.

이런 유형의 데이터는 여러 방법을 통해 수집된다. 혼자 극지방을 탐험한 모험가들이나 난파선에 홀로 남겨진 생존자들의 경험을 기록한 내용에는 많은 정보가 담겨 있다. 최근 수십 년 동안, 연구자들은 실험실 조건에서 이와 유사한 현상을 연구하려는 시도를 계속해왔다. 널리 알려진 기법 가운데 하나는 체온과 같은 온도의 물이 담긴 탱크에 피험자를 매달아 놓는 것이다. 이렇게 하면 무게감과 온도 감각이 최소화된다. 어둡고 방음 처리된 탱크의 효과를 높이기 위해 눈을 가리고, 귀도 막는다. 또 팔은 움직일 수 없도록 튜브로 고정해 관절의 움직임이나 위치에 대한 일상적인 감각의 많은 부분을 상실하게 된다.

이와 같은 혹은 다른 고립 상황에서 사람들은 내가 2장에서 설명한 현상들과 무척 유사한 독특한 심리적 현상을 경험했다. 북극의 황량한 환경에서 오랜 기간 혼자 지낸 한 여성은 삶에서 있었던 사건들이 파노라마처럼 눈앞에 보였다고 보고했다. 배가 난파되어 몇 주 동안 작은 보트에 홀로 남겨졌던 선원들은 구조되는 듯한 환각을 보았다고 설명했고, 그중 일부는 유령이나 영혼 같은 초자연적 존재가 그들을 구조하는 듯한 환각이 나타났다고 한다. 이는 내 연구 참여자들 가운데 많은 이들이 마주한 빛의 존재나 세상을 떠난 영혼들과 다소 비슷해 보인다.

이 외에도 시간 감각의 왜곡, 신체와 부분적으로 분리된 느낌, 사회로 돌아가거나 고립 상태를 벗어나지 않으려는 저항, 우주와 '하나'가 되는 느낌 등도 임사 체험과 유사한 지점이다.

또한 난파 사고나 그 밖의 다른 사건으로 고립되었던 사람들이 고립된 채 몇 주가 지난 뒤 사회로 돌아오면서 가치관이 크게 변했다고 말하는 경우가 많다. 그 일이 있고 나서 내면적으로 더 단단한 느낌이 든다는 것이다. 이렇게 인간성이 한층 달라졌다는 점은 죽음에서 돌아온 많은 사람의 이야기와도 유사하다.

마찬가지로 죽음 경험 중 일부는 고립 연구에서 발견되는 특징들과 매우 유사하다. 죽음을 앞둔 온 환자들은 대부분 격리된 병실에 있거나, 온갖 장치들로 움직이지 못하고, 방문객 없이 소리나 빛이 약하게 들어오는 환경에서 지내는 경우가 많다. 심지어 육체적 죽음과 관련한 생리적 변화가 뇌에 전달되는 감각을 완전히 단절하는 결과를 초래해 극단의 고립이 찾아오게 될 수도 있다. 앞서 자세히 논의한 것처럼 임사 체험을 겪은 많은 환자가 몸 밖에 있으면서 고립감과 외로움, 다른 사람들과의 소통 단절로 괴로움을 느꼈다고 말했다.

실제로, 임사 체험 경험인지 고립 경험인지 명확하게

분류되지 않는 애매한 사례들을 어렵지 않게 찾을 수 있다. 예를 들어 어느 남성은 나에게 그가 심각한 병으로 병원에 있었던 때의 이야기를 다음과 같이 들려주었다.

> 저는 몹시 아팠고, 병원에 누워 있으면서 TV 화면을 보는 것처럼 사진들이 자꾸 제게 다가오는 게 보였어요. 사진 속엔 사람들이 있었는데, 사람이 멀리 떨어져 있는 듯 보이다가 저한테 가까이 오기 시작하고, 그 사람이 지나가면 또 다른 사람이 나타났어요. 분명 제가 병실에 있고 아프다는 것을 완벽히 인식하고 있었지만, 이게 무슨 일인가 싶더라고요. 보니까 그중 일부는 친구들이나 가족들, 제가 개인적으로 알던 사람들이었고 나머지는 모르는 사람들이더라고요. 그리고 갑자기 제가 알던 그 사람들이 다 죽은 사람들이라는 것을 깨달았죠.

이 경험담은 임사 체험과 고립 경험 모두와 유사점을 지니고 있기 때문에 이것을 어떻게 분류할 것인지 의아해하는 것도 무리가 아닐 것이다. 이미 세상을 떠난 사람들의 영혼과 만난 임사 체험 경험과 일면 비슷해 보이지만, 다른 사후 경험 현상은 없었다는 점에서 차이가 있다. 흥미롭게도, 한 고립 연구에서 일정 시간 독방에 있었던 어느 피험자는 유명인들의 사진이 그의 앞을 지나쳐가는 환각을 보았다고 묘사했다. 그래서 위 경험담은 환자의 극심한 병으로 인해 일어난 임사 체험 경험일까, 아니면 건강 상태 때문에 어쩔 수 없이 가만히 누워만 있었던 제한적 상황으로 야기된 고립 경험일까? 이는 어느 한쪽으로 분류할 수 있는 절대적 기준이 없는 경우에 가깝다. 아마 이도 저도 아닌 사례들은 항상 있을 것이다.

그러나 이렇게 겹치는 부분이 있음에도 불구하고, 고립 연구에서 나온 결과는 임사 체험 경험에 대한 충분한 설명을 제공하지 않는다. 애초에 고립 상태에서 발생하는 다양한 정신적 현상 자체가 현재로서는 어떠한 이론으로도 설명되지 않기 때문이다. 임사 체험 경험을 설명하면서 고립 연구에 기대는 것은 유체 이탈 경험을 자기 상시 환각을 통해 설명하려는 경우와 마찬가지로 그저 하나의 미스터리를 또 다른 미스터리로 대체하는 것에 불과하다.

2. 꿈, 환각, 망상

어떤 이들은 임사 체험 경험이 단지 약물이나 뇌의 산소 부족, 고립 등과 같은 여러 요인에 의해 발생한 꿈, 환상, 환각일 뿐이라고 한다. 그래서 그들은 임사 체험 경험이 망상이라 설명한다. 그러나 이에 반하는 몇 가지 요인들이 있다.

첫째, 우리의 문화적 환경에서 죽은 사람에게 벌어지는 일로 상상하는 것과 임사 체험자들이 주로 보고하는 것이 명백히 다르다는 사실에도 불구하고 그 내용이나 단계에 있어 사후 경험에 대한 묘사들이 무척 비슷하다는 점을 고려할 수 있다. 게다가 이러한 경험담에서 그려지는 죽음 이후의 사건들은 연구 참여자들이 듣도 보도 못했을 고대 신비주의에서 서술한 것과 놀라울 만큼 일치한다.

둘째, 나와 이야기를 나눈 사람들은 정신 이상이 없다는 사실이다. 그들은 아무 문제 없이 사회생활을 하는 정서적으로 안정적이며 평범한 사람들이다. 다들 직장에서 중요한 역할을 맡아 책임감 있게 수행하고, 행복한 결혼생활을 즐기며 가족과 친구들과 잘 어울리고 있었다. 내가 대화한 이들 중 살아가면서 이렇게 불가사의한 경험을 두 번 이상 겪은 사람은 아무도 없었다. 그리고 가장 중요한 것은 연구에 정보를 제공한 사람들 모두 자신이 겪은 일이 꿈에서 일어난 것인지 깨어 있는 동안 있었던 것인지 구분할 수 있다는 점이다. 그리고 이들은 죽음에 이르면서 겪은 것들이 꿈이 아니라 그들에게 진짜로 있었던 일이라고 보고한다. 그들은 자신의 임사 체험은 명백한 실제 경험이었다고 확신에 차서 말한다.

셋째, 앞 장에서 살펴보았듯이 유체 이탈 보고 중 일부는 당사자의 증언뿐만 아니라 그 증언을 뒷받침하는 증거가 있다는 사실이다. 임사 체험을 좀 더 깊이 연구하다 보면 누구라도 그와 같은 명확한 증거를 찾아낼 수 있으리라 생각한다. 최소한 임사 체험 경험들이 꿈과는 거리가 멀고, 오히려 아주 다른 범주에 속한다는 사실은 충분히 발견하고도 남으리라 믿는다.

　마지막으로 한마디 덧붙이자면, 이번 장에서 다룬 이 '설명'들은 단순히 추상적인 지적 체계가 아니다. 어떤 면에서 보면 이 설명들은 그러한 견해를 가진 사람들의 자아 표출이다. 말하자면, 사람들은 자신이 생각해내거나 채택한 과학적 설명의 기준에 정서적으로 경도된다.

　수없이 많은 강연에서 임사 체험에 관해 이야기하면서, 나는 다양한 종류의 설명을 지지하는 사람들을 만났다. 생리학적, 약리학적, 또는 신경학적으로 사고하는 사람들은 자신이 지지하는 설명에 반하는 것처럼 보이는 사례를 제시하더라도 여전히 자신이 지지하는 설명을 직관적으로 당연한 것으로 생각할 것이다. 프로이트의 이론을 옹호하는 사람들은 기꺼이 빛의 존재를 임사 체험자의 아버지가 투영된 것으로 보겠지만, 융의 추종자들은 집단 무의식의 원형으로 보는 등 나열하자면 한도 끝도 없다.

나는 이 모든 것을 통해 어떤 새로운 주장을 제시하려는 것이 아님을 다시 한번 강조하고 싶다. 동시에 이번 장에서는 종종 사람들이 제시하는 의문이 타당하지 않은 이유를 몇 가지 제시하고자 했다. 내가 정말 하고자 하는 말은, 임사 체험 경험이 우리가 새로운 설명과 해석의 방식을 고안해야 할 수도 있는 새로운 현상을 가리킬지 모른다는 최소한의 가능성을 열어두자는 것이다.

이 세상 너머에
무엇이 있는가

이 책을 쓰면서 나는 연구의 목적과 관점이 쉽게 오해받을 수 있다는 점을 분명히 자각하고 있었다. 특히 과학적 사고를 지닌 독자들에게 나 역시 이 연구가 과학적 연구가 될 수 없다는 사실을 충분히 인식하고 있다고 말하고 싶다. 그리고 죽음 이후의 삶을 증명해냈다는 망상에 사로잡혀 있지 않다고도 전하고 싶다. 이러한 문제를 철두철미하게 다루려면 이 책의 범위를 훌쩍 벗어난 기술적 세부 사항에 대한 논의가 필요할 것이므로 나는 다음과 같이 간략하게만 이야기하려 한다.

논리학, 법학, 과학과 같은 전문적인 연구에서 '결론', '증거', '증명'이라는 단어는 기술적인 용어이며 일반적으로 사용되는 경우보다 더 복잡한 의미를 품고 있다.

논리학에서는 일련의 전제로부터 귀결된다고 말할 수 있고 없음은 절대 가볍게 다룰 수 있는 문제가 아니다. 이는 규칙과 관례, 법칙에 의해 매우 엄격하고 정확하게 정해지는 것이다. 누군가 어떤 '결론'을 도출했다고 하면,

논리적 실수가 없는 한 같은 전제에서 출발했을 때 누구라도 무조건 같은 결론에 도달할 것이라 말하는 것이나 다름없다.

위에서 언급한 내용은 내가 연구에서 어떤 '결론'을 내리려 하지 않는 이유와 고대로부터 전해 내려오는 육체적 죽음 이후의 생존에 대해 증명을 구성하려 하지 않는 이유다. 그럼에도 나는 이러한 임사 체험 경험담에 대한 보고가 매우 중요하다고 생각한다. 내가 하고 싶은 것은 어느 한쪽으로 치우치지 않고, 즉 과학적, 논리적으로 증명되지 않는다고 배척하거나 죽음 이후에도 삶이 있다는 것을 '증명'한다는 막연한 감정적 주장에 의존하며 마구 부풀리지 않고 그들의 이야기를 해석할 수 있는 중도를 찾는 것이다.

동시에 현재 우리가 증명할 수 없다는 사실이 임사 체험의 본질에 대한 한계를 의미하지 않을 수 있다. 이는 어쩌면 현재 받아들여지고 있는 과학적, 논리적 사고 방식에서 오는 한계일지도 모른다. 그리고 미래의 과학자들이나 논리학자들의 관점은 지금과 매우 다를 수도 있다(역사적으로 논리학적, 과학적 방법론은 불변하는 정적인 체계가 아니라 성장하는 동적인 과정이었다는 사실을 잊지 말아야 한다).

그래서 나에게는 결론이나 증거보다 훨씬 덜 명확한 것들, 감정과 의문, 유추, 설명이 필요한 알 수 없는 사실

들만이 남았다. 사실 연구를 바탕으로 어떤 결론을 내렸는지가 아니라 연구가 나에게 개인적으로 어떤 영향을 미쳤는지 묻는 편이 더 적절할지 모른다. 그에 대한 답변으로는 임사 체험 경험을 이야기하는 사람을 직접 보면 글로는 전달하기 어려운 굉장한 설득력이 느껴진다고밖에 말할 수 없다. 그들의 임사 체험 경험은 그들에게 매우 현실적인 사건이었고, 그들과 마주하면서 나에게도 그들의 경험은 실제로 있었던 사건이 되었다.

그러나 이것은 심리적 측면일 뿐 논리적 요소가 아니라는 점을 알고 있다. 논리는 공공의 문제이며, 심리적 측면은 그처럼 누구에게나 동일하게 적용되지 않는다. 똑같은 상황에서 누군가는 어떤 한 가지 방식으로, 다른 사람은 또 다른 방식으로 영향을 받거나 변화할 수 있다. 이것은 성향과 기질의 문제이며, 은연중에라도 이 연구에 대해 다른 사람들도 모두 내 의견을 그대로 받아들여야 한다고 주장하고 싶지 않다. 이러한 관점에서, "이 경험들에 대한 해석이 궁극적으로 이렇게 주관적인 문제라면, 대체 왜 연구해야 하는가?"라고 물을 수 있다. 나는 죽음의 본질에 대해 인간이 보편적으로 느끼는 두려움에 대해 다시 생각해볼 수 있게 해준다는 것 외에는 다른 대답을 떠올릴 수 없다. 나는 죽음의 본질이 드리운 그늘 위로 어떤 한 빛이라도 비출 수 있다면 그 자체로 의미 있는 일이라 생각한다.

다양한 분야의 전문가들은 이 주제를 잘 이해하고 있어야 한다. 죽어가는 환자의 공포와 희망을 다루어야 하는 의사나 사람들이 죽음을 직면하도록 돕는 목사들에게도 이러한 이해가 필요할 것이다. 또한 심리학자와 정신과 의사도 마찬가지이다. 실제로 활용할 수 있고 확실한 효과를 낼 수 있는 정서 장애 치료법을 개발하려면, 정신이 무엇이며 육체와 떨어져 존재할 수 있는지 알아야 하기 때문이다. 정신이 육체에서 분리될 수 없다면 심리치료는 근본적으로 약물이나 전기충격요법, 뇌 수술과 같은 물리적 방법을 중점으로 하도록 바뀌게 될 것이다. 반면 정신이 육체와 따로 존재할 수 있고, 홀로 설 수 있는 무언가임을 보여주는 징후가 있다면, 정신 질환 치료는 결국 매우 달라져야 할 것이다.

그러나 사실 이는 그 이상의 문제이다. 우리가 죽음을 어떻게 생각하고 받아들이는지는 삶을 살아가는 방식에 큰 영향을 미치기 때문이다. 만약 임사 체험이 실제로 존재한다면, 우리 모두에게 앞으로 인생을 어떻게 살아가야 할지에 매우 깊은 의미를 지닐 것이다. 이 세상 너머에 무엇이 있는지 엿보기 전까지는 우리가 사는 이 세상을 결코 완전히 이해할 수 없다는 뜻이 될 것이기 때문이다.

결코 잊을 수 없는 특별한 여행

나는 조지아의 밀턴 안토니 의학 역사 학회 회원들 앞에서 당시 내가 '임사 체험'이라 명명하고 연구 중이던 초자연적 현상에 관해 설명했다. 이 현상을 겪은 사람들은 엄밀히 말하면 죽은 것은 아니었지만, 살아남을 수 있는 한 죽음에 가장 가까운 상태였다.

"죽음은 모든 신체 기능의 중단입니다."

나는 홀을 가득 채운 50여 명의 의사들에게 말했다.

"적어도 우리가 알고 있는 모든 신체 기능은 중단되는 것이죠."

그때 참석한 의사들 가운데 대부분은 나와 같은 의과 대학 출신이었다. 하지만 청중들을 잘 아는데도 불구하고, 사람이 죽음에 가까워졌을 때 어떤 놀라운 사건들이 발생하는지 설명하는 내내 긴장감을 감추려 애써야 했고, 손바닥은 온통 땀으로 축축했다.

나는 청중들로부터 조롱을 받을 것이라는 생각에 벌벌 떨고 있었다. 하지만 전혀 예상치 못한 모습이 눈에 들어왔다. 한 명, 한 명, 깨달음을 얻어 머리를 한 대 맞은 듯한 충격을 받은 의사들의 눈빛이 보이기 시작했다. 그들은 분명 환자들에게 몸 밖으로 빠져나와 터널을 따라서 빠르게 올라갔다는 경험담이나 '빛의 존재', 혹은 찰나지만 결코 잊을 수 없는 이 특별한 여행에 관해 이야기하는 것을 들은 적이 있었다. 그러나 이러한 현상에 대해 묻는 환자들에게 어떠한 답도 할 수 없었는데 적어도 이제는 이 현상을 뭐라고 불러야 할지 알게 되었고, 그들이 겪은 일을 입증할 수 있는 연구가 더 많이 진행될 것이라고 전할 수 있게 되었다. 그리고 다음 몇 주 동안은 마치 댐이 터진 것처럼 많은 의사가 그동안 들었던, 거의 죽을 뻔했던 환자들이 겪은 놀라운 이야기들을 나에게 전해주었다. 그들의 이야기는 내 연구에 힘을 실어주었고, 이 책을 쓰면서 유용하게 사용했던 주요 연구 사례에 추가되었다.

　이 책이 출간된 뒤 이제 임사 체험 연구는 전 세계 연구자들에게 의학 및 철학적 연구의 한 분야로 자리 잡았고, 이후로도 나는 임사 체험 연구에 전념해 왔다. 동료 연구자들이 이루어 낸 다양한 연구를 지켜보고 돕는 일은 무척 흥미로웠다. 우리는 공동 작업을 통해 아이들의 경험(그렇다, 어린아이들도 이런 경험을 겪는다)부터 임사 체험이 사람을 변화시키는 힘(생생한 빛의 경험을 통해 새롭고 발전된 인간으로 다시 태어난다), 물리적 신체 바깥에서 의식이 존재할 수 있는가에 대한 답변(존재할 수 있다. 의식은 몸 밖으로 나와 멀리 떨어진 곳까지 가도 어떤 일이 있었는지 기억할 수 있다)에 이르기까지 다양한 질문에 대한 다양한 답을 끌어냈다. 이외에도 자살(임사 체험을 하면 자살을 시도할 가능성이 줄어든다), 슬픔(임사 체험을 통해 사랑하는 이를 잃은 상실감을 더 잘 받아들일 수 있다), 임사 체험이 일어나는 빈도(죽음의 위기를 겪은 사람들의 최소한 15퍼센트, 어쩌면 그보다 훨씬 더 높은 비율일 수도 있다) 등 여러 질문에 대한 답을 얻을 수 있었다. 임사 체험 연구의 매력은 그렇게 답을 하나씩 찾을 때마다 인류가 품고 있는 의문 가운데 가장 어려운 것 중 하나인 '죽으면 어떻게 될까?'라는 문제를 풀기 위한 새로운 질문들이 무수히 떠오른다는 것이다.

《죽음, 이토록 눈부시고 황홀한》이 출간되면서 임사 체험이라는 주제에 대해 세계적으로 관심이 높아졌을 뿐 아니라, 사람들이 자기 경험을 자유롭게 이야기할 수 있는 환경이 만들어졌다. 이 작은 책으로 인해 정치인, 교황, 군인, 우주비행사, 농부, 경찰관, 간호사 등 실질적으로 어느 누구든 임사 체험이나 자신의 인생에서 중요한 역할을 한 다른 초자연적 경험에 관해 편안하게 이야기할 수 있게 되었다. 물론 의사들도 빼놓을 수 없다. 보통 증거부터 요구하던 이 신중한 집단 역시 초자연적 사건을 겪으면서 이제는 그 존재를 직접 깨닫고 있다. 의사들이 스스로 보고 들은 임사 체험 경험담에 관한 책이나 논문이 홍수처럼 쏟아져 나오는 재미있는 추세가 생긴 것이다. 신경외과 의사, 정형외과 의사, 정형외과 교수, 피부과 의사, 대형 심장 병원의 주임 마취과 의사 등이 임사 체험을 주제로 책을 쓰기 시작했다. 그들은 심지어 임사 체험 경험이 죽음 이후의 현실에 대해 밝혀냈으며, 사후 세계가 존재한다는 과학적 증거를 제시한다고 단언하기까지 했다.

죽음 이후에도 삶이 이어질 가능성을 어떻게 평가할 수 있을까? 이것은 쉽지 않은 질문이며, 이에 대한 논의를 위해 지금껏 취해 온 형식에는 큰 결함이 있을 수밖에 없다. 결국 이러한 경험이 사후 세계가 있다는 사실을 보여준다고 주장하는 이들은 임사 체험이란 그저 뇌가 죽음에 이르면서 산소 결핍 때문에 나타나는 환각에 불과하다고 보는 관점을 포함한 신경생리학적 설명을 지지하는 사람들과 대립하게 된다.

그러나 나는 다른 누군가가 사망했을 때 공유 임사 체험을 했다고 말하는 사람들 수백 명을 인터뷰했다. 이 목격자들은 자신이 병들거나 다치지 않았는데도 임사 체험 경험을 구성하는 동일한 요소들을 겪었다고 보고했다. 예를 들어, 이들은 죽어가는 사람의 영혼이 신체를 벗어나는 모습을 보았다거나, 그들 자신도 몸 밖으로 나와 죽음을 맞이한 사랑하는 이들의 영혼과 함께 빛을 향해 솟아올랐다고 말한다. 일부는 인생을 돌아보는 부분까지 직접 보기도 한다.

다시 말해 목격자들은 타인이 겪고 있는 죽음의 경험을 공감적으로 함께 느낄 수 있다. 그리고 이때 제삼자가 공감을 통해 함께 겪은 죽음의 경험은 죽어가는 뇌에서 산소가 결핍되며 나타난 현상이 될 수 없다.

사후 세계에 대한 질문에 답할 수 있는 명확하고 합리적인 방법은 아직 없기 때문에 이 모든 것을 어떻게 정리할지는 주관적인 문제이다.

나의 주관적 판단은 죽음 너머의 세상은 존재한다는 것이다. 나는 동료 의학자들과 나에게 자신들의 경험을 들려준 전 세계 수천 명의 다정한 이들을 믿는다. 왜냐하면 그들이 내린 최선의 판단에 따라서도, 그리고 이 책에서 본 사례 연구에서도 그들은 사랑과 빛이 가득한, 결코 잊을 수 없는 사후 세계를 방문했기 때문이다.

임사 체험
연구에 대한
질문들

나는 임사 체험에 관해 그동안 무수히 많은 질문을 받아왔다. 책을 마치면서 그동안 사람들이 가장 궁금해한 질문들을 추려 그에 답해보려 한다.

임사 체험 경험은 얼마나 자주 일어나는가?

우선 연구를 통해 수집한 사례의 표본은 본질적으로 제한적일 수밖에 없으므로, 이 현상의 빈도나 경험자의 수 등 통계적으로 유의미한 수치를 제시할 수 없음을 인정한다. 그러나 이것만은 말해두고 싶다. 임사 체험은 우리가 보통 예상하는 것보다 훨씬 흔하게 발생한다. 나는 이 주제로 다양한 부류와 규모의 단체를 대상으로 여러 차례 강연했는데, 강연 후 나를 찾아와 자신의 경험을 털어놓지 않은 경우는 단 한 차례도 없었다. 심지어 어떤 강연에서는 공개적으로 자신의 경험을 이야기한 사람도 있었다. 물론 이를 주제로 하는 강연에 임사 체험자들이 참석할 확률이 높기 때문이라고 얘기할 수도 있을 것이다(그리고 실제로 그렇다!). 그럼에도 그동안 접한 여러 사례들을 보면, 그들은 강연 주제 때문에 참석한 것은 아니었다. 예를 들어 최근 강연에서는 강연 주제도 모른 채 우연히 참석한 사람 중 두 명이 자신의 임사 체험을 들려주기도 했다.

임사 체험이 그렇게 흔하다면, 왜 이 사실이 더 널리 알려지지 않았는가?

여기에는 몇 가지 이유가 있다. 가장 중요한 것은 우선, 일반적인 사회 통념이 육체적 죽음 이후의 삶에 대한 논의에 부정적이라는 사실 때문이다. 우리는 과학과 기술이 엄청난 진전을 이룬 시대에 살고 있다. 죽음 이후의 삶에 관해 이야기하는 것은 '과학의 논리에 입각한' 현대가 아닌 '미신에 사로잡힌' 과거에 더 어울린다고 느끼는 사람들에게는 원시적으로 보일 수 있다. 그래서 과학적으로 설명하기 어려운 경험을 이야기하는 사람들은 웃음거리가 된다. 이러한 점을 고려하면, 초월적인 경험을 한 사람들은 일반적으로 자신이 겪은 일을 공개적으로 이야기하는 데 당연히 주저하게 된다. 나는 실제 임사 체험을 했지만, 주변의 비웃음이 두려워 친한 친구 한두 명이나 가족 외에는 이야기하지 않는 사람들의 머릿속에 엄청난 양의 자료가 있을 거라고 믿어 의심치 않는다.

덧붙여 임사 체험이라는 주제가 일반 대중에 잘 알려지지 않은 이유는 주의집중과 관련된 심리 현상에서도 일부 기인하는 것으로 보인다. 우리가 매일 보고 듣는 많은 것들은 의식 속에 기억되지 않고 지나간다. 그러나 우리가 무언가에 깊은 인상을 받게 되면, 그 이후로는 그것에 주목하게 된다. 많은 이들이 새로운 단어의 의미를 배운 뒤, 그다음 며칠 동안 읽을 것을 집어 들면 어디에나 그 단어가 보였던 것을 경험한 적이 있다. 이는 보통 그 단어가 갑자기 유행하면서 모든 곳에 등장하게 된 것이 아니다. 오히려 그 단어는 그가 읽던 것들에 늘 존재했지만, 의미를 모르니 의식적으로 인지하지 않고 건너 뛰었던 것이다.

최근 강연을 마치고 토론 시간이 되었을 때, 첫 질문을 한 의사가 이렇게 물었다.

"저는 오랫동안 의료계에 종사해왔습니다. 만약 말씀하신 것처럼 이러한 경험이 흔하다면, 왜 저는 들어본 적이 없을까요?"

강연장에 임사 체험을 한 사람이 한두 명 정도는 있으리라 생각한 나는 곧바로 그 질문을 청중에 넘겼다.

"여기 계신 분 중 임사 체험에 관해 들어보신 분 있으신가요?"

이때, 그 의사의 아내가 손을 들고 부부와 아주 친한 친구가 겪은 이야기를 들려주었다.

또 다른 예를 들자면, 한 의사는 내 연구에 대한 기사를 읽고 임사 체험이라는 것을 처음 알게 되었다. 다음 날, 어느 환자가 자신이 그와 매우 비슷한 경험을 했다고 그 의사에게 털어놓았다. 의사는 이 환자가 내 연구에 관해서는 전혀 알지 못한다는 사실을 확인했다. 환자는 단지 자신에게 일어난 일이 당황스럽기도 하고, 왠지 불안하기도 해서 의학적인 조언을 구하고자 의사에게 털어놓은 것이었다. 두 사례 모두 의사들이 이전에도 이런 이야기를 들었지만, 일반적인 현상이 아닌 개별적인 특이사항이라 생각해서 그다지 주의를 기울이지 않았을 수 있다.

마지막으로 적어도 의사라면 임사 체험 사례를 접할 가능성이 더 높을 것으로 예상되는데도 불구하고 그들이 임사 체험에 대해 잘 모르는 이유를 설명할 수 있는 요인이 한 가지 더 있다. 보통 의사들은 수련 과정에서 환자가 어떤 느낌이 드는지 설명하는 것에 주의하라고 끊임없이 교육받는다. 그때 의사는 질병이 진행되며 나타나는 객관적인 '징후'에 촉각을 곤두세워야 하지만, 환자의 주관적인 설명('증상')은 가감하여 들어야 한다고 배운다. 그래야 환자의 병을 좀 더 용이하게 다룰수 있기 때문에 이러한 태도는 합리적이라고 할 수 있다. 그러나 임상적 사망 후 자신이 소생시킨 환자에게 그들이 어떤 감정을 느꼈는지, 무엇을 자각했는지 묻는의사는 극소수이기 때문에 임사 체험 사례가 잘 밝혀지지 않는 결과를 낳을 수도 있다. 때문에 임사 체험 사

례를 가장 많이 접할 수 있을 것 같은 의사들이 실제로
는 다른 사람에 비해 그 경험담을 들을 일이 별로 없을
것이라 추측한다.

**임사 체험 현상과 관련해 남성과 여성 사이에 차이는 없
는가?**

남성과 여성이 보고한 경험의 내용이나 유형에는 전혀
차이가 없어 보인다. 앞서 논의한 사후 경험의 공통 요
소는 남성과 여성 모두에게 발견되었고, 성별에 따라
더 많이 혹은 더 적게 나타나는 요소는 없었다.

　그럼에도 남성과 여성 연구 대상자 간 차이는 있다.
전반적으로 죽음을 경험한 남성들은 여성들보다 자신
의 경험을 이야기하는 것을 더욱 꺼리는 경향이 있다.
남성들은 여성들보다 자신이 겪은 일을 간략히 들려주
고 이후 더 자세한 인터뷰를 위해 연락하면 회신이 없
는 경우가 훨씬 많았다. 많은 남성은 비웃음을 사는 것
에 대한 두려움을 내비치거나 당시 경험에서 느낀 감
정이 너무나 압도적이라 도저히 설명할 수 없다며 "그
때의 경험을 잊으려 했고, 감추려 했습니다"라고 말하
기도 했다.

　왜 이런 차이가 발생하는지는 설명할 수 없지만, 이

에 주목하는 것은 분명 나쁜만이 아니다. 저명한 심령 현상 연구가인 러셀 무어스 박사는 자신을 포함해 다른 연구자들도 같은 현상을 관찰했다고 말했다. 초자연적 현상을 겪었다고 그에게 보고하는 남성은 여성의 3분의 1밖에 되지 않는다.

또 다른 흥미로운 사실은 생각보다 많은 임사 체험 사례가 임신 중에 발생했다는 것이다. 이것도 명확한 이유는 알 수 없다. 하지만 어쩌면 임신 자체가 많은 잠재적 합병증이 따르는, 여러 측면에서 상당히 위험한 생리적 상태이기 때문일지 모른다.

연구 참여자들의 이야기가 거짓인지, 아닌지 어떻게 알 수 있는가?

임사 체험 경험을 이야기하는 사람들의 모습을 직접 보고 듣지 않은 이들은 이런 이야기가 거짓말일 수도 있다고 생각할 수 있을 것이다. 그러나 나는 수년간 남녀 가리지 않고, 성숙하며, 정서적으로 안정된 성인들이 수년 혹은 수십 년 전에 일어났던 일을 이야기하면서 무너져 내리고 눈물을 흘리는 것을 내 눈으로 직접 보았다. 그들의 목소리에서 진정성, 글로는 전하기 어려운 뜨거운 감정을 느꼈다. 그래서 안타깝게도 많은 이들이 공감하기 어렵겠지만, 나로서는 그들의 이야기가 날조된 것일 수 있다는 의견은 전혀 수긍할 수 없다.

이러한 나의 의견에 무게를 더하는, 거짓 증언 의혹을 확실히 반증해줄 몇 가지 근거가 있다. 가장 명확한 근거는 각각의 수많은 이야기에서 드러난 그 유사성을 설명하기 어렵다는 것이다. 어떻게 그 많은 사람이 8년이라는 기간 동안 나에게 똑같은 거짓말을 늘어놓았겠는가? 만약 그들이 서로 공모한 것이라면 가능할 수 있다. 노스캐롤라이나 동부에서 온 할머니, 뉴저지에 사는 의대생, 조지아에서 일하는 수의사 등 많은 이들이 몇 년 전부터 함께 모여서 내 연구를 방해하기 위해 서로 말을 맞추고, 복잡한 거짓말을 꾸며내기 위해 공모했다고 생각해볼 수는 있다. 그렇지만 합리적으로 생각했을 때 그럴 가능성은 매우 낮다.

미묘하게 허위 진술을 했거나, 수년간에 걸쳐 자신들의 이야기를 다듬었을 가능성은 없는가?

이 질문은 어떤 경험이나 사건을 설명할 때 처음에는 그저 단순한 이야기로 시작했다가 시간이 지남에 따라 매우 정교하게 발전시키게 된다는 잘 알려진 심리적 현상을 가리킨다. 이야기를 반복하며 작은 세부 사항이 계속 추가되어 본인 스스로도 결국 그것을 믿게 되고,

마지막에는 원래 내용과 비슷한 부분이 거의 없을 정도로 꾸며지게 되는 것이다.

그러나 이 심리 기제가 내가 연구한 사례에서 유의미한 정도로 작용했다고 생각하지 않는다. 우선, 임사 체험을 한 지 얼마 안 된 사람들의 진술이 수십 년 전 경험을 이야기한 사람들의 진술과 유사하다는 사실을 이유로 들 수 있다. 게다가 몇몇 사람은 임사 체험 후 곧바로 자세히 내용을 적어두었고, 인터뷰하는 동안 그 노트를 그대로 읽어주었다. 이때도 그 내용은 몇 년이 흐른 후 기억에 의존해 자신의 경험을 들려준 사람들의 이야기와 유사했다. 또한 그들은 나에게 처음으로 혹은 두 번째로 경험을 털어놓았으며 수년이 흐른 후에조차 그들은 자신의 이야기를 언급하기를 꺼렸다. 이런 경우 이야기를 발전시킬 기회가 거의 없었지만, 이들의 경험담 역시 몇 년에 걸쳐 얘기를 반복해서 들려준 사람들의 진술과 별 차이가 없었다.

마지막으로 많은 경우 과장이 아니라 오히려 정반대 현상이 일어났을 수 있다. 정신과 의사들이 '억제'라고 부르는 현상은 원치 않는 기억이나 감정, 생각을 통제하거나 인식하지 못하도록 의식적으로 노력하는 심리 기제다. 인터뷰 과정에서 그들에게 억제가 일어났음을 나타내는 표현을 자주 들을 수 있었다. 예를 들어 죽음에 이르렀을 때 겪었던 일을 아주 자세히 보고한 한 여성은 "더 많은 일이 있었지만, 모든 게 기억나지는 않아요. 어차피 사람들이 제 말을 믿지 않을 거라는 걸 알았기 때문에 기억을 억누르려 했어요"라고 말했다.

베트남에서 중상을 입고 수술을 받다가 심장마비가 왔던 한 남성은 "지금도 그 이야기를 하려고 하면 목이 메어요. 제가 기억하지 못하는 부분이 많은 것 같습니다. 저는 그 일을 잊으려고 했거든요"라며 유체 이탈 경험을 떠올리면 감정적으로 힘들다고 말했다.

위의 이야기를 정리하면, 윤색은 이들이 자기 경험을 이야기하는 데 중대한 요인이 아니었다는 증거가 될 수 있을 것 같다.

그들의 경험이 종교적 믿음과 배경에 의해 형성되었을 가능성이 있지 않은가?

어느 정도는 그렇다고 할 수 있다. 앞서 언급했듯이, 이들은 대개 한결같이 빛의 존재를 묘사하지만, 각각의 종교적 배경에 따라 그 존재를 무엇이라고 생각하는지 달라진다. 그러나 연구 과정에서 단 한 번도 관습적인 이미지 속 천국이나 지옥에 대한 언급은 없었다. 사실 참여자 중 다수는 그들이 경험한 사후 세계가 평소 종교를 학습하면서 예상했던 바와 얼마나 다른지를 강조했다. 한 여성은 "저는 항상 죽으면 천국과 지옥이 모두 보인다고 들었는데 어느 것도 보지 못했어요"라고 보고했다. 심한 부상으로 유체 이탈을 경험한 또 다른 여성은 "이상한 게, 저는 늘 종교적 가르침을 받으면서 죽으면 바로 아름다운 문, 진주로 된 문 앞에 있게 될 거라고 배웠거든요. 그런데 그냥 제 몸 주변을 떠돌고 있을 뿐이었어요. 그게 전부였다니까요! 정말 당혹스러웠죠"라고 말했다.

뿐만 아니라, 죽음을 경험하기 전 어떠한 종교적 믿음이나 수행이 없었던 사람들과 굉장히 강한 종교적 믿음을 지닌 사람들과 경험담의 내용에는 별 차이가 없었다.

임사 체험 연구 사례가 환생에 갖는 의미가 있다면 무엇인가?

내가 살펴본 사례 가운데 환생을 암시하는 사례는 없었다. 하지만 환생을 배제한 사례도 없었다는 사실도 염두에 두어야 한다. 만일 환생이 실제로 일어난다면, 기존의 몸에서 분리된 시점과 새로운 몸으로 들어가는 시점 사이에 어떤 영역에 머무는 과도기가 있는 듯하다. 그러므로 죽음에 직면했다 돌아온 사람들을 인터뷰하는 방식은 환생을 연구하기에 적절한 방법은 아닐 것이다.

환생을 조사하는 데는 다른 방법들이 더 적절하고, 실제로 시도되기도 했다. 예컨대 어떤 이들은 '전생 회귀' 기법을 시도했다. 피험자에게 최면을 걸고, 피험자의 인생을 과거로 연속해 거슬러 가도록 한다. 피험자가 현생에서 기억할 수 있는 가장 초기의 경험에 다다르면, 그 시기마저 지나쳐 더 이전으로 거슬러 가도록 한다. 이 시점에서 많은 사람이 아주 먼 시대와 먼 장소에서의 전생에 대해 자세히 이야기하기 시작한다. 일부 사례에서 그러한 이야기는 놀랄 만큼 정확하게 맞아떨어지기도 한다. 피험자가 절대 알 수 없는 사실에 대해 정확하게 어떠한 사건을 묘사하거나 인물, 장소를 구체적으로 떠올리는 경우가 있다.《티베트 사자의 서》에 따르면, 환생은 나의 연구 참여자들이 겪은 사건들 이후 단계에서 일어난다.

자살 시도 후 임사 체험을 겪었던 사례도 있는가? 만약 그렇다면 다른 점이 있는가?

자살 시도가 명백한 '사망'의 원인이었던 사례를 몇 가지 알고 있다. 이러한 사례에서는 임사 체험 경험을 한

결같이 불쾌했다고 묘사했다. 어느 여성은 "이곳에서 고통받는 영혼인 채 떠난다면, 저곳에서도 고통받는 영혼이 될 거예요"라고 말했다.

다시 말해 그들은 자살로 도망치려 했던 갈등이 죽었을 때도 여전히 사라지지 않고, 심지어 복잡한 상황이 더해져 있었다고 보고했다. 신체에서 분리된 상태에서는 문제에 대해 전혀 손쓸 수 없었고, 그들의 행동으로 인한 불행한 결과를 그대로 지켜봐야 했다.

아내를 잃고 절망한 한 남성은 스스로 총을 쏴 사망했었고, 소생되었다. 그때의 경험을 그는 이렇게 말한다.

저는 아내가 있는 곳으로 가지 않았어요. 끔찍한 곳으로 가게 됐어요. 제가 얼마나 멍청한 실수를 저질렀는지 그 즉시 깨달았어요. '그러지 말걸'이라고 생각했죠.

이 불쾌한 '림보(Limbo)' 상태를 경험한 사람들은 그곳에 오랫동안 있을 것 같다는 느낌이 들었다고 말했다. 인생을 살면서 목적을 이루어야 하는 사실상의 '임무'로부터 너무 일찍 벗어나려 함으로써 '규칙을 어긴 것'에 대한 벌이었다.

이런 발언들은 다른 원인으로 사망한 사람들이 '죽었

던' 동안, 자살은 혹독한 처벌이 따르는 매우 불행한 행위라는 사실을 알게 되었다고 내게 보고한 것과 일치한다. 사고 후에 임사 체험을 했던 한 남성은 이렇게 말했다.

> '저쪽에 있을 때' 저는 절대 해서는 안 되는 일 두 개가 있다고 느꼈는데, 바로 스스로 목숨을 끊거나 다른 이의 목숨을 빼앗는 것이었죠. 만약 제가 자살한다면 신이 주신 선물을 보란 듯이 내던지는 꼴이 될 것이며, 다른 누군가를 죽이는 것은 그 사람에 대해 신이 뜻하신 목적을 방해하는 것과 마찬가지니까요.

이러한 태도는 지금까지 많은 개별 사례뿐만 아니라, 토마스 아퀴나스, 로크, 칸트와 같은 여러 사상가의 글에서 여러 형태로 등장하는, 자살에 관한 오래된 신학과 도덕적 논증을 구체화한 것과 동일하다. 칸트에 따르면, 스스로 목숨을 끊은 사람은 신의 목적에 반하여 행동한 것이며, 따라서 자살은 조물주에 대한 반역으로 간주한다. 아퀴나스는 생명은 신이 내린 선물이며, 그것을 다시 거두는 것은 인간이 아닌 신의 특권이라고 주장한다.

그러나 여기서 나는 자살이 도덕적인지 아닌지를 판단하려는 것은 아니다. 그저 죽음을 경험한 사람들이 나에게 말한 내용만을 전달하는 것이다.

역사적으로 임사 체험 현상이 발생한 사례가 있는가?

내가 알기로는 없다. 그러나 나는 현대 사례에 몰두하느라 이 부분에 대해 충분히 연구할 시간이 없었을 뿐, 과거에 그러한 기록이 있었다는 것을 알게 되어도 전혀 놀라지 않을 것이다. 반면 나는 임사 체험이 그 이전보다 지난 몇십 년 동안 훨씬 더 흔하게 일어났을 것으로 확신한다. 과거에 비해 의료 기술의 발달로 고도의 소생 기술이 가능해졌기 때문이다. 오늘날 소생된 사람 중 상당수는 이전 시대였다면 살아남지 못했을 것이기 때문이다.

어떤 사례에서는 최대 20분까지 '죽은' 상태였다고 했는데 의학적으로 가능한 일인가?

의료 행위에서 주로 말하는 대부분의 수치는 평균값이며, 절댓값으로 받아들여서는 안 된다. 5분이 지나면 대부분 산소 부족으로 인한 뇌 손상이 발생할 수 있어 소생 시도를 하지 않는 것이 임상적인 경험법칙이다. 그러나 이것은 평균일 뿐이므로, 개별 사례들은 그보다 짧거나 긴 시간 내에 위치할 것이다. 실제로 뇌 손상 없이 20분 후 소생이 이루어진 사례들을 발견하기도 했다.

이 사람들이 정말 죽었던 것인가?

이 질문에 답하기 어려운 이유 중 하나는 이것이 부분적으로는 '죽음'이라는 단어의 의미에 관련된 의미론적 질문이기 때문이다. '죽음'의 정의는 의학 분야의 전문가들 사이에서도 합의가 되지 않았다. 죽음을 판단하는 기준은 비전문가와 의사, 또 의사마다, 병원마다 다르다. 그래서 이 질문에 대한 답은 '죽음'이 무엇을 의미하는지에 따라 달라진다. 이 질문에 대해서는 죽음의 세 가지 정의를 차례로 살펴보고 그에 대해 논하는 것이 바람직할 것이다.

1. 임상적으로 감지되는 활력 징후가 없는 상태

어떤 이들은 사람의 심장이 멈추고 일정 시간 동안 호흡이 일어나지 않으며, 혈압이 측정할 수 없을 정도로 떨어지고, 동공이 확장되고, 체온이 떨어지기 시작하는 등의 징후가 나타나면 '사망했다'라고 할 것이다. 이것은 임상적 정의로, 의사들과 일반인들 모두 수 세기 동안 사용해온 방식이다. 실제로 사망 선고를 받은 대부분이 이 기준에 따라 판단되었다. 내가 연구한 많은 사례에서 이 임상적 기준이 충족되었다는 점에는 의심의 여지가 없다. 의사들의 증언과 진료 기록에서 드러난

증거는 이러한 의미에서 '죽음'이 발생했다는 주장을
충분히 뒷받침한다.

2. 뇌파 활동이 없는 상태

의학 기술의 발달은 그동안 명백히 관찰할 수 없었던
생물학적 작용까지 감지할 수 있는 기술의 발전까지
가져왔다. 뇌파계(EEG)는 뇌의 미세한 전위를 증폭해
기록하는 기계다. 최근에는 실질적 죽음의 판정 근거를
뇌의 전기적 활동의 부재에 둔다.

알다시피 내가 다룬 소생 사례는 모두 극도의 의학
적 응급상황에 있었다. 뇌파계를 설치할 시간이 없었
고, 의료진들은 당연히 환자를 살려내기 위해 할 수 있
는 일을 하느라 여념이 없었다. 그래서 이들 중 누구도
사망 판단을 하기 어려웠다고 주장할 수도 있다.

그러나 여기서 잠깐, 죽었다고 여겨진 후 소생된 사
람들에게서 '평평한' 뇌파 기록이 나타났다고 가정해보
자. 과연 그 사실이 큰 의미가 있을까? 나는 세 가지 이
유로 그렇지 않다고 본다. 첫째, 소생 시도는 아무리 길
게 잡아도 30분 정도 이어지는 긴급한 상황에서 이루
어진다. 뇌파계를 설치하는 것은 매우 복잡하고 전문
기술이 필요한 작업이며, 정확한 결과를 읽어내려면 최
적의 조건에서조차 경험 많은 기술자가 꽤 오랜 시간

동안 애써야 하는 경우가 비일비재하다. 혼란스러운 긴급 상황에서는 실수가 일어날 가능성이 높을 것이다. 따라서 임사 체험 경험을 이야기한 사람에 대해 평탄 뇌파 기록을 제시한다고 해도, 비판하려면 얼마든지 그 기록이 정확하지 않을 수 있다고 말할 수 있다.

둘째, 그 대단한 뇌파계를 제대로 설치했다고 해도, 주어진 상황에서 소생 가능성을 판단하는 데 오류가 없다는 것을 보장하지 않는다. 이후 소생된 사람들에게서 평평한 뇌파가 나타나기도 했고, 중추 신경계를 억제하는 약물 과다 복용 사례나 저체온증 사례에서도 모두 같은 현상이 초래되었다.

셋째, 기계가 잘 설치되었다는 것을 입증할 수 있는 사례를 찾아도 여전히 문제가 있을 것이다. 그때 보고된 임사 체험이 뇌파가 평평할 때 발생했다는 증거가 없으며, 그 전이나 후에 발생했을 가능성도 있다고 말할 수 있기 때문이다. 그러므로 현재 조사 단계에서 뇌전도는 그다지 의미가 없다는 결론이다.

3. 생체 기능의 불가역적 상실

또 다른 이들은 활력 징후가 임상적으로 얼마나 오래 감지되지 않았는지, 평평한 뇌파가 얼마나 오래 나타났는지와 관계없이 소생된 사람은 '사망했었다'라고 할 수 없다고 주장하며 더욱 제한적인 의미를 채택할 것이다. 즉 '죽음'은 소생 불가능한 몸의 상태라는 것이다. 이 정의에 따르면, 내가 수집한 사례에서는 모두 소생했기 때문에 죽음이 일어났다고 볼 수 없다.

이렇게 우리는 이 질문에 대한 답변이 '죽음'이 무엇을 뜻하는지에 달려있다는 것을 보았다. 이는 중요한 문제이다. 세 가지 정의 모두 중요한 통찰을 담고 있기 때문이다. 사실 나는 세 번째, 가장 엄격한 정의에 어느 정도는 동의한다. 심장이 장시간 뛰지 않았던 사례에서도 신체 조직, 특히 뇌에는 대부분의 시간 동안 어떻게든 관류(산소와 영양을 공급하는 일)가 이루어졌어야 한다. 이런 사례라고 해서 어떤 생물학적 또는 생리학적 법칙에 반한다고 넘겨짚을 필요는 없다. 소생했다면, 신체 세포에서 잔여 생물학적 활동이 어느 정도는 진행되고 있었어야 할 것이다. 그러나 현재로서는 되돌릴 수 없는 지점이 정확히 어디인지를 정하는 것이 불가능해 보인다. 아마 개인마다 다르고, 고정된 지점이 아니라 연속선상에서 변화하는 구간일 것이다. 실제로 몇십 년 전만 해도 나와 이야기한 사람들 대부분은 다시 살아날 수 없었다. 미래에는 오늘날 소생할 수 없었던 사람들을 살릴 기술이 나타날지도 모른다.

따라서 죽음이란 정신이 몸에서 분리되는 것이며, 이 시점에서 정신이 정말로 다른 존재의 영역으로 넘어간다고 가정해 보자. 그러면 죽음에 이르러 영혼이나 정신이 풀려나는 어떤 메커니즘이 존재한다고 추론할 수 있다. 하지만 이 메커니즘이 지금 우리가 되돌릴 수 없는 지점이라고 임의로 간주한 시점에 정확히 작동한다는 근거는 없다. 우리 몸의 체계가 항상 완벽하게 작동한다고 할 수 없는 것처럼, 이 메커니즘 역시 모든 경우에 완벽하게 작동한다고도 할 수 없다. 아마 이 메커니즘이 생리적 위기 상황이 닥치기 전에 발동되어 어떤 사람들에게 다른 현실을 살짝 들여다볼 기회를 주는 때도 있을 것이다. 이는 신체적 부상이 발생하기 전 자신이 곧 죽게 될 것이라고 확신했을 때 지난 과거들이 보이거나 유체 이탈이 일어나는 등을 겪은 사람들의 보고를 설명하는 데 도움이 될 것이다.

내가 궁극적으로 말하고 싶은 바는 돌이킬 수 없는 죽음의 시점이 과거, 현재, 미래 어디에 있든 나와 대화한 사람들은 다른 사람들보다 그 지점에 훨씬 가까이 다가갔었다는 것이다. 이 이유만으로도 나는 기꺼이 그들의 말에 귀를 기울이고 싶다.

결국 이 논의의 맥락에서 죽음의 정확한 정의에 대해 이의를 제기하는 것은 큰 의미가 없다. 임사 체험에 대해 이의를 제기하는 사람은 체내에 생물학적 작용이 남아 있을 가능성이 있는 한, 그 활동이 임사 체험을 초래했을 수 있으며, 따라서 그 경험을 설명할 수 있으리라 보는 것이다.

옮긴이 배효진

서울대학교 영어교육과를 졸업했다. 글밥아카데미 출판 번역 과정 수료
후 바른번역 소속 번역가로 활동하고 있다. 옮긴 책으로는 〈도플갱어 살인
사건〉이 있다.

죽음, 이토록 눈부시고 황홀한

초판 1쇄 발행 2024년 6월 24일

지은이 레이먼드 무디
옮긴이 배효진
펴낸이 정지은

펴낸곳 ㈜서스테인
출판등록 2021년 11월 4일 제2021-000166호
전화 070-7510-8668
팩스 0504-402-8532
이메일 sustain@sustain.kr

ISBN 979-11-93388-06-8   03110